ZEICHEN 10: Sebastian Haffner

ZEICHEN 10

Sebastian Haffner
DER NEUE KRIEG

Mit einer e-mail von Jürgen Kuttner

Alexander Verlag Berlin

Alexander Wewerka, Fredericiastr. 12, 14050 Berlin
e-mail info@alexander-verlag.com
http://www.alexander-verlag.com
Druck und Bindung: WB-Druck

Printed in Germany (April) 2000
ISBN 3-89581-049-5

INHALT

Bei diesem Text handelt es sich um den einleitenden Essay Sebastian Haffners zur deutschen Erstausgabe von Mao Tse-tungs drei umfangreichsten militärischen Schriften, die unter dem Titel *»Theorie des Guerillakrieges oder Strategie der Dritten Welt«* 1966 im Rowohlt Verlag Hamburg bei Reinbek erschienen sind.

Der Abdruck erfolgt mit freundlicher Genehmigung durch die Erben Sebastian Haffners, denen der Verlag an dieser Stelle ausdrücklich für die Überlassung der Abdruckrechte sehr herzlich danken möchte.

Der neue Krieg

Die militärischen Schriften Mao Tse-tungs, von denen die drei umfangreichsten hier im vollständigen Text deutsch vorgelegt werden,* gehören zu den Schlüsselbüchern dieses Jahrhunderts. Sie sind das Werk eines außerordentlichen Geistes, und jeder Leser spürt nach wenigen Seiten die eigentümlich elektrische Wirkung, die der direkte Kontakt mit dem Genius unfehlbar hervorbringt. Und sie werfen Licht auf einen der wichtigsten und zugleich geheimnisvollsten Vorgänge unserer Zeit: die eigentümliche Veränderung, die mit der Einrichtung »Krieg« vor sich gegangen ist.

Krieg in seiner herkömmlichen Form ist ja bekanntlich durch die waffentechnische Entwicklung, und vielleicht nicht nur durch sie, als Mittel der Politik, mindestens für den Augenblick, unbrauchbar geworden; zugleich aber ist eine neue Art Krieg aufgekommen – von der herkömmlichen so verschieden, daß man eigentlich ein neues Wort

** Hier und an den folgenden Stellen bezieht sich Haffner auf die Auswahl von Maos Texten, die in der damaligen Ausgabe unter dem Titel »Theorie des Guerillakrieges oder Strategie der Dritten Welt« abgedruckt wurden.*

dafür benötigt –, die sich als ein durchaus brauchbares und höchst wirksames Mittel der Politik, jedenfalls einer bestimmten Politik, erwiesen hat. Diese neue Art Krieg hat außerdem noch die verwirrende Eigenschaft, daß bei ihr ständig die scheinbar schwächere Seite gewinnt und scheinbare Übermacht sich als Ohnmacht erweist; zur immer erneuten Bestürzung und Blamage der herkömmlich geschulten militärischen und militär-politischen Fachmänner. Der gegenwärtige Krieg in Vietnam ist nur das letzte Beispiel dafür. In diesen ebenso unheimlichen wie ungeheuerlichen Vorgang bringen die militärischen Schriften Mao Tse-tungs Licht. Mehr als das: Sie sind selbst ein Zeugnis und Erzeugnis dieses Vorgangs. Denn der erste – und bisher immer noch größte – Krieg neuer Art war ja der fünfundzwanzigjährige chinesische Bürgerkrieg (1924–1949), den Mao Tse-tung in seinem dritten Jahr, 1927, in einer Situation scheinbar totaler Niederlage, in die Hand nahm und zweiundzwanzig Jahre später mit dem totalen Sieg beendete. Diesem chinesischen Bürgerkrieg entstammen die hier vorliegenden Traktate.

Sie sind nicht (wie etwa Clausewitz' berühmtes Werk) abstrakte akademische Abhandlungen, Studien oder Lehrbücher, sie sind ebensowenig (wie etwa Cäsars Kommentare zum Gallischen Krieg und zum Römischen Bürgerkrieg) nachträgliche Darstellungen. Alle waren vielmehr, als sie geschrieben wurden, Akte der Kriegführung selbst, Anweisungen, Richtlinien und Handreichungen für Mitarbeiter und Unterführer. Alle beziehen sich auf eine ganz bestimmte Situation. Daß sie nach Inhalt und Umfang über normale Generalstabsarbeiten weit hinausgehen und sich oft, trotz ihrer Situationsgebundenheit, wie kriegstheoretische, ja kriegsphilosophische Abhandlungen lesen, liegt daran, daß Mao die Art Krieg, die er führte, sozusagen ständig erst erfinden mußte. Er konnte seinen Mitarbeitern und Unterführern nicht einfach knappe Befehle im Rahmen vorgegebener, allgemein verstandener Prinzipien erteilen, sondern mußte ihnen die neuen, von ihm entdeckten und entwickelten Prinzipien selbst immer wieder erst begreiflich machen.

Daß er dazu imstande war, ist vielleicht der erstaunlichste Teil seiner erstaunlichen Leistung. Es ist schon rein zeitlich kaum vorstellbar, wie sein gewaltiges kriegstheoretisches Œuvre – vollkommen hinreichend als Lebenswerk eines genialen Lehrers an einer Kriegsakademie, der ein Leben lang Muße zum Nachdenken hat – mitten im Drang praktischer Kriegführung, sozusagen als Nebenprodukt täglicher aufreibender Entscheidungen, Aktionen und Krisen geschrieben werden konnte. Aber das Wort »Nebenprodukt« ist eben falsch: Die ständige Belehrung, die Durchdringung und Durchsäuerung eines ständig wachsenden Führer- und Unterführerkorps mit neuen und bisher unerhörten Ideen – die vollkommen klar, einleuchtend, überzeugend, ja bis zur Gemeinplätzigkeit einfach und selbstverständlich gemacht und durch ständige Wiederholung ins Bewußtsein und ins Unterbewußtsein gerammt werden mußten –, diese, wenn man so will, »Gehirnwäsche« und »Indoktrinierung« der Männer, mit denen Mao seine neue Art von Krieg führen und gewinnen wollte, war eben die erste und unerläßliche Voraussetzung dafür, daß eine solche Art Krieg überhaupt geführt und gewonnen werden konnte. *»Unsere Methode ist, Kriegführung durch Kriegführung zu lernen«*, heißt es in einer dieser großen Lehrschriften Maos, und man kann den Satz, auf ihn selbst bezogen, auch umkehren: Seine Methode war, unter anderem, Krieg zu führen durch Belehrung im Kriegführen. Die militärischen Schriften Maos sind also etwas, was es sonst in der militärischen Literatur überhaupt nicht gibt: nicht nachträgliche Abstraktionen, sondern bleibende konkrete Spuren seiner Kriegführung selbst.

Daraus folgt, daß sie nur im Zusammenhang mit dieser Kriegführung richtig verstanden werden können. Wer sie als abstrakte, beliebig aus ihrem Zusammenhang lösbare, allgemein gültige, allgemein anwendbare Lehre betrachtet – wie es etwa die gewiß nicht unintelligenten französischen Generalstäbler getan haben, die, vergeblich, hofften, Maos Grundsätze für die französische Kriegführung in Indochina und dann in Algerien nutzbar machen zu können –, wird doppelt getäuscht.

Erstens, weil er Maos Gedanken auf Unternehmungen anwendet, auf die sie nicht passen. Sie sind kein Universalrezept für jede Art von Krieg, sondern ein – allerdings verblüffend durchschlagendes – Rezept für eine ganz bestimmte Art von Krieg in einer ganz bestimmten Art von Ländern und Situationen. Ganz konkret gesprochen: Sie sind ein Rezept für den sozialen und nationalen Befreiungs- oder Unabhängigkeitskrieg »unterentwickelter« Länder. Wer versucht, sie für den kolonialen oder imperialistischen Unterwerfungs- oder Unterdrükkungskrieg gegen diese Länder anzuwenden, ist mit ihnen so schlecht bedient wie mit einem Abführmittel in einem Fall von Diarrhöe. Auch auf die »konventionellen« Kriege nationaler oder imperialer Großmächte untereinander sind sie nicht anwendbar. Tatsächlich ist es eine von Maos weltverändernden Entdeckungen, daß Krieg eben nicht ein völlig eigengesetzlicher, sich immer gleich bleibender Vorgang ist, sondern daß jede Gesellschaft ihre eigene Art von Krieg hervorbringt, die allein sie führen kann und gegebenenfalls führen muß.

Zweitens aber darf man Maos Kriegslehre nicht aus ihrem Zusammenhang mit Maos Kriegführung herausreißen, weil man sie dann oft ganz einfach mißversteht. Man kann es sich nicht klar genug machen: Maos militärische Schriften sind nicht an beliebige Leser zu beliebigen Zeiten und an beliebigen Orten gerichtet und dienen nicht zur Belehrung für all und jeden; sie sind an seine Guerillaführer und Truppenführer in ganz bestimmten, kritischen, oft verzweifelten Kriegssituationen eines ganz bestimmten Krieges, nämlich des chinesischen Bürgerkrieges der dreißiger und vierziger Jahre, gerichtet gewesen und haben den ausschließlichen Zweck gehabt, ihnen zu helfen, mit diesen Situationen fertig zu werden; sie waren dazu da, das Führerkorps der Roten Armee für diesen Krieg zu schulen und zu drillen, übrigens auch seine Moral und Siegeszuversicht zu heben. Nur wenn man den Text mit der jeweiligen Situation zusammenhält, auf die er gemünzt ist, versteht man ihn richtig. Man muß, als europäischer Leser der sechziger Jahre, vieles hineininterpolieren, was Mao seinen Leuten nicht ausdrücklich zu sagen brauchte, weil es sich aus der Situation von selbst ergab. Und manchmal ist dies Ungesagte, als selbstverständlich bekannt Vorausgesetzte, gerade das Wichtigste; fast immer gibt es dem Text erst sein volles Relief. Maos militärische Revolution bestand, wie jede Revolution, hauptsächlich aus Taten, nicht aus Worten. Die Worte waren ein Teil der Taten, kein freischwebender, auf sich selbst stehender Kommentar; abgelöst von den Taten, denen sie dienten, verlieren sie ihren Sinn.

Ja, wer Mao allzu wörtlich nimmt, ist in Gefahr, den Sinn seiner Kriegslehre manchmal geradezu umzukehren. Der Leser etwa der hier folgenden drei Schriften* wird bald bemerken, daß Mao sich gern konservativ gibt; daß er oft von der ewigen Gesetzlichkeit des Krieges spricht, Clausewitz und Napoleon, aber auch chinesische militärische Klassiker zitiert, auf Beispiele aus dem chinesischen Mittelalter und der chinesischen Antike zurückgreift, kurz das Neue gern als etwas ganz Altes in neuem Gewande darstellt. Ich lasse dahingestellt, wieweit das ein psychologischer Trick war und wieweit wirkliche Selbsttäuschung. Der gute Lehrer – und Mao mußte ein sehr guter Lehrer sein, wenn er nicht elend scheitern wollte – vermeidet natürlich, seine Schüler zu erschrecken und zu verwirren, er weiß ihnen zu suggerieren, daß sie das, was sie lernen sollen, im Grunde schon längst wissen, und er macht ihnen das Unbekannte mundgerecht, indem er es als das Altbekannte ausgibt. Fast jede Revolution gibt sich nicht als das »Vorwärts«, das sie in Wahrheit ist, sondern als ein »Zurück« – »Zurück zum reinen Evangelium«, »Zurück zur Natur«. Und Mao, der als Kriegsrevolutionär Tausende von Menschen dazu bringen mußte, ihr Leben und das der Hunderttausende, die sie zu führen hatten, an das Nieversuchte, Niegeglückte zu setzen, hatte erst recht allen Grund, es ihnen als das Älteste, Ewige und Unfehlbare darzustellen.

Aber vielleicht war er sich auch selbst wirklich nur unvollkommen darüber klar, wie neu die Prinzipien seiner Kriegführung waren. Es ist eine häufige Erscheinung bei großen Entdeckern und Erfindern, daß sie das Gefundene falsch einschätzen oder unterschätzen. Columbus wehrte sich bekanntlich leidenschaftlich gegen die Unterstellung, einen neuen Kontinent entdeckt zu haben, und Einstein – »Ich weigere mich zu glauben, daß Gott mit der Welt Würfel spielt« – gehörte nicht zu denen, die aus seiner Relativitätstheorie die letzte theoretische Konsequenz zogen. Es ist möglich, daß für Mao Tse-tung in seiner Eigenschaft als militärischer Entdecker etwas Ähnliches gilt; nicht nur manche Stelle seiner Schriften, sondern auch sein gegenwärtiger Übergang zu konventioneller Hochrüstung und Atomwaffenproduktion spricht dafür.

Seine große militärische Entdeckung kann mit der physikalischen – nicht der militärischen – Entdeckung der Kernenergie verglichen werden, mit der sie übrigens zeitlich ungefähr zusammenfällt. Die Entdeckung, daß in der bis dahin vernachlässigten Kleinwelt des Atoms Energien stecken – und entbunden werden können –, die die »konventionellen« Energien der Gravitation und des Elektromagnetismus millionenfach übertreffen, entspricht ziemlich genau Mao Tse-tungs Entdeckung, daß in der bis dahin vernachlässigten Kleinwelt des Dorfs und der bäuerlichen Massen gewaltigere Kriegsenergien stecken als in der »konventionellen« militärischen Welt der spezialisierten Armeen und in der politischen Welt der hochtechnisierten, hochorganisierten und hochbewaffneten Stadtzivilisation; daß der bisher stets strategisch erfolglose und verachtete »Kleinkrieg«, die »Guerilla« oder »Jacquerie«, bei voller Entfaltung für jede konventionelle Großkriegführung unbesiegbar gemacht werden kann. Diese Entdeckung – in allgemeiner philosophischer Form allerdings schon vor mehr als zweitausend Jahren bei Lao-tse vorweggenommen – ist ihm von der Not abgepreßt worden, auf sie hat er, in völlig hoffnungslos scheinender Lage, sein Alles gesetzt, mit ihr hat er den größten Bürgerkrieg aller Zeiten gewonnen und auf eine noch gar nicht absehbare Weise die Welt verändert.

Sie bildet unvermeidlicherweise auch den Hintergrund seiner militärischen Schriften; aber – mit Ausnahme weniger Stellen – eben nur den Hintergrund; selten das eigentliche Thema. Es wäre übertrieben zu sagen, daß man sie geradezu zwischen den Zeilen lesen müßte. Sie steht schon hin und wieder in den Zeilen – am häufigsten in gewissen wiederkehrenden Bildern und Vergleichen, die heute bereits in der ganzen Welt sprichwörtlich geworden sind und die merkwürdigerweise fast alle etwas mit Wasser, mit Schwimmen und Fischen zu tun haben: »Die Guerillas müssen in der Volksmasse schwimmen wie die Fische im Wasser«; »Die Gesetze der Kriegführung lehren die Kunst, im Ozean des Krieges zu schwimmen«; »Die Mobilisierung des gemeinen Mannes im ganzen Land muß ein riesiges Meer schaffen, in dem der Feind ertrinkt«; »Der Guerillaführer muß arbeiten wie ein Fischer, der sein Netz weit auswirft und im rechten Augenblick eng zusammenzieht«. Aber der Grundgedanke, daß der totale Guerillakrieg dort, wo er überhaupt möglich ist, dem regulären Krieg überlegen ist, wird nicht nur nicht direkt ausgesprochen; er wird oft eingeschränkt und modifiziert und manchmal geradezu verleugnet. Tatsächlich ist

Mao Tse-tung in der letzten Phase des siegreichen Bürgerkrieges, 1948 und 1949, wie in dem hier abgedruckten Aufsatz »Über den verlängerten Krieg« lange im voraus angekündigt,* zur regulären Kriegführung übergegangen oder zurückgekehrt, und auch der koreanische Krieg ist von chinesischer Seite rein konventionell geführt worden.

In Korea freilich hatte dies seine besonderen Gründe. Es gehört wahrscheinlich zu den Eigentümlichkeiten der von Mao Tse-tung erfundenen und entwickelten neuen Kriegsart – für die ein wirklich schlagender Name noch fehlt; nennen wir sie in Ermangelung eines besseren »Totalguerilla« –, daß sie nur im eigenen Lande erfolgreich geführt werden kann. Es gibt noch andere einschränkende Bedingungen. Viele ergeben sich aus Maos eigenen Schriften. Aber um diese Schriften richtig lesen zu können, müssen wir nun zunächst kurz den Taten- und Tatsachenhintergrund einzeichnen, vor dem sie stehen.

Maos Krieg

Der chinesische Bürgerkrieg, obwohl wahrscheinlich das bisher größte Ereignis des ereignisreichen 20. Jahrhunderts (weder die beiden Weltkriege noch selbst die russische Revolution haben die Welt so tiefgreifend und nachhaltig verändert), gehört nicht zum selbstverständlichen Wissensbestand des gebildeten Europäers. Die europäischen Zeitungen haben ihn bis zu seiner Endphase ignoriert, und die nachträglichen Buchberichte sind nur von Spezialisten gelesen worden. Es wird deshalb nötig sein, die Hauptmarkierungen seines Ablaufs hier zunächst primitiv einzuzeichnen. Dabei soll versucht werden, seine kriegsgeschichtlich wichtigsten Aspekte herauszustellen – also das, was für das Verständnis der militärischen Schriften Maos absolut unentbehrlich ist. Selbstverständlich bedeutet das noch nicht einmal eine Skizze des Gesamtgeschehens; nur die Revolutionierung der Kriegführung, die in den chinesischen Bürgerkrieg eingebettet war und durch ihn weltwirksam wurde, soll hier interessieren; vieles ebenso Wichtige oder noch Wichtigere fällt unter den Tisch.

Der chinesische Bürgerkrieg war einer der größten Kriege aller Zeiten, in dem wahrscheinlich mehr Menschen als Kämpfer und Opfer unmittelbar beteiligt und betroffen waren als im Ersten Weltkrieg. Er dauerte 25 Jahre. Er begann 1924 mit dem »Marsch nach Norden« der vereinigten Streitkräfte der Kommunisten und der Kuomintang. Er endete 1949 mit dem »Marsch nach Süden« der Kommunisten gegen die Kuomintang. Das Ziel war beide Male die Vereinigung Chinas unter einer effektiven Zentralregierung und die Beseitigung von Separatismus, Fremdherrschaft und nationaler Schwäche. Das Ziel wurde das erste Mal verfehlt, das zweite Mal erreicht.

In dem gewaltigen Kriegsgeschehen, das wie gesagt von 1924 bis 1949 dauerte, gab es vier deutlich getrennte Perioden, markiert durch die Jahre 1927, 1937 und 1945. In der ersten und dritten Periode (1924/27, 1937/45) waren Kommunisten und Kuomintang Verbündete, in der zweiten und vierten (1927/36, 1945/49) Feinde. Gemeinsame Feinde waren in der ersten Periode die provinziellen »War Lords« oder militärischen Lokaldiktatoren, in der dritten die Japaner.

Mao Tse-tungs Auftritt erfolgt erst in der zweiten Periode des Krieges, nach der berühmten Wendung Tschiang Kai-scheks gegen seine bisherigen Verbündeten, die Kommunisten, im Frühjahr 1927. Nachdem die verbündeten Kräfte der Kuomintang und der Kommunisten in einem fast dreijährigen Feldzug Südchina bis zum Yangtse in ihre Hand gebracht hatten, schlug Tschiang Kai-schek am 26. März 1927 im eroberten Shanghai plötzlich überraschend gegen seine Verbündeten, die Kommunisten, los, entwaffnete ihre Truppen, tötete ihre Führer und errichtete seine Alleinherrschaft.

Auf den handstreichartigen Überfall folgte eine mehrmonatige Kommunistenjagd im Lande, die in vielem an die Vorgänge des Herbstes 1965 in Indonesien erinnert. Die Kommunistische Partei wurde aufgelöst und zerschlagen, ihre Führungskader massenweise getötet, die

Arbeiter der großen Städte, auf die sie sich – getreu der Marxschen Lehre und den Anweisungen ihrer russischen Berater – hauptsächlich gestützt hatte, eingeschüchtert, gebrochen und unterdrückt. Tschiang Kai-scheks Staatsstreich war allem Anschein nach ein voller Erfolg. Ende 1927 war Tschiang, nach allen herkömmlichen Maßstäben, uneingeschränkt Herr der Lage in Südchina. 1928 setzte er den Marsch nach Norden allein fort und dehnte seine Herrschaft auf ganz China aus.

Mao Tse-tung, damals 34 Jahre alt und ein gewöhnliches Mitglied des Zentralkomitees der Kommunistischen Partei Chinas, also ein Funktionär der zweiten Führungsgarnitur, war Bauernorganisator der vereinten revolutionären Armeen während ihres Vormarschs gewesen. Er befand sich 1927 irgendwo auf dem flachen Lande, in der tiefsten südchinesischen Provinz, fern vom Strom des großen Geschehens, abgeschnitten von Tschiang Kai-scheks Häschern und übrigens auch von den Weisungen der Parteiführung und ihrer russischen Berater. Das bewahrte nicht nur sein Leben, und es bewahrte ihn nicht nur vor den Fehlern der Partei und der ihr treu gebliebenen Truppenteile, die im Laufe des Jahres 1927 immer noch verzweifelte Putschversuche in Großstädten unternahmen und sich damit nur abermals zu Tausenden ans Messer lieferten. Es muß ihn auch auf seine Grundentdeckung gebracht haben, aus der alles Weitere folgt, nämlich auf die Einsicht in die strukturelle Schwäche und sozusagen anatomische Verwundbarkeit der Staatsgewalt, die so plötzlich sein tödlicher Feind geworden war.

Diese Staatsgewalt war offensichtlich unerschütterlich stark in der jeweiligen Hauptstadt, stark auch in den anderen Großstädten, schon schwächer in Kleinstädten und Provinzzentren, wohin ihr Arm nicht reichte, und ganz schwach in den Tiefen des Landes, abseits der Eisenbahnen und Straßen. Dort versickerte sie sozusagen, sie war nicht mehr mit massiven Truppeneinheiten oder Polizeikräften gegenwärtig, sie bestand oft praktisch nur aus vereinzelten Gendarmen und Beamten: Dort war sie also leicht zu überwältigen, wenn die Masse der Landbewohner in einer revolutionären Stimmung war – und das war sie. Die

Gendarmen und Kuomintang-Beamten, ebenso die örtlichen Grundbesitzer, konnte man auf dem Lande so mühelos überwältigen und töten, wie in den Städten kommunistische Funktionäre isoliert, verhaftet und getötet werden konnten. Mit den Bauern als Fundament und Bodenreform oder Bodenverteilung als Methode konnte man über weite Gebiete die offizielle Staatsgewalt außer Kraft setzen, kleine Bauernkommunen schaffen und diese dann zu schon nicht mehr gar so kleinen wehrhaften Bauernrepubliken verschmelzen. Der Grundstock einer bewaffneten Macht fand sich in den Resten kommunistischer Truppenteile; eine organisierende und regierende »Gegenstaatsgewalt« war mit der Kommunistischen Partei vorgegeben.

In dem Maße, wie diese kommunistischen Bauernstaaten zu ausgedehnten ländlichen Sowjetrepubliken zusammenwuchsen und unübersehbar wurden, mußten sie natürlich Unterdrückungskampagnen der Zentralregierung auf sich ziehen. Diese Unterdrückungskampagnen waren von Mao nicht nur vorausgesehen und einkalkuliert, man kann sagen, daß sie für die Ausbreitung und Vertiefung seiner Revolution und für das Gelingen seines gesamtstrategischen Planes eine Notwendigkeit waren. Erst dadurch, daß die ferne Zentralgewalt nun plötzlich in Reichweite kam, und zwar als grausamer Eindringling, bot sie den vorbereiteten Gegenschlägen der von Hause aus geographisch statischen, immobilen Volkskräfte ein greifbares Ziel; erst durch ihre brutalen und breit gestreuten Repressalien trieb sie Mao auch die trägeren, konservativeren, ruheliebenden Elemente der Landbevölkerung zu; erst dadurch, daß sie Rückzüge und Gebietsräumungen erzwang, machte sie die Revolution, die vorher seßhaft war, mobil und verbreitete sie, wie der Sturm den Waldbrand, über neue Gebiete; und erst dadurch, daß sie selbst den Bürgerkrieg institutionalisierte, spielte sie der Revolution den Trumpf zu, der normalerweise die stärkste Karte etablierter Regierungen ist: Die Revolution wurde jetzt die Verkörperung, und ihr Sieg die Voraussetzung, von Friede und Ordnung.

Erst als Tschiang seine großangelegten Unterdrückungskampagnen begann, hatte Mao die erste Runde seines langen Kampfes wirklich gewonnen, erst jetzt hatte er seinen Feind, wo er ihn brauchte. Er hatte ihn sozusagen aus dem Stand genötigt und zu der Bewegung verlockt, die er nun, wie ein Judo-Kämpfer, ausnutzen konnte, um ihn zu Fall zu bringen. Er brauchte den Krieg, und zwar den vom Gegner entfesselten, unausweichlich gewordenen Krieg, so wie ein Nuklear-Physiker die überhohen Temperaturen im Zyklotron braucht.

Tatsächlich waren die Jahre 1930 bis 1934 Großkampfjahre der Maoschen Bauernrepubliken, deren Geographie sich in diesen Jahren je nach dem Verlauf der Kämpfe auf der Landkarte Chinas hin und her schob wie eine Quecksilberkugel auf einer Tischplatte. Die erste der hier vorgelegten Schriften Maos behandelt im wesentlichen die Erfahrungen dieser Feldzüge, die man als die Lehr- und Entwicklungsjahre der neuen Art von Kriegführung bezeichnen kann. Vom Rest der Welt überhaupt nicht wahrgenommen, spielte sich damals in Südchina zum erstenmal der Zusammenstoß nicht einfach zwischen zwei Kriegsgegnern, sondern zwischen *zwei Arten Krieg* ab, den man seither in Jugoslawien, Indonesien und Indochina, auf Zypern, Kuba und in Algerien erlebt hat und den man jetzt in Vietnam erlebt: der Krieg sozusagen zwischen einem Insektenschwarm und einem Großraubtier, zwischen einer durch Verzweiflung kriegerisch gemachten und zum Kriege durchorganisierten Bevölkerung und einer regulären Armee, bei dem sich, aufs Ganze gesehen, die Bevölkerung durchgängig als unbesiegbar, die Armee aber trotz ihrer waffentechnischen Überlegenheit als besiegbar herausgestellt hat. Dies war Maos zweite große Entdeckung: daß eine revolutionär erregte, total durchorganisierte und vom Feinde auf den nötigen Grad von Verzweiflung gebrachte Bevölkerung, die auf ihrem eigenen Gebiet und um ihr eigenes Gebiet kämpft, einer in dieses Gebiet von außen eindringenden Armee auf die Dauer immer überlegen ist, wenn sie sich nicht auf die Kampfregeln des Feindes einläßt, sondern ihm ihre eigenen aufzwingt.

In dem Kriegsabschnitt 1930 bis 1934 war das noch nicht erwiesen, die eigene Taktik mußte noch – unter teuer bezahlten Irrtümern – erarbeitet werden (davon handelt im wesentlichen die erste der hier übersetzten Schriften *»Strategie des chinesischen revolutionären Krieges«**), und selbst der Ausgang war zunächst zumindest doppeldeutig. Mao fand sich zum Schluß bekanntlich zu einer gigantischen und tragischen Absetz- und Ausweichbewegeung genötigt: dem berühmten »Langen Marsch« durch ganz China, der zwar den Kern seiner Truppe und Bewegung lebendig erhielt und die Revolution in ein neues Gebiet – den äußeren Nordwesten Chinas – trug, aber alle vorher bereits gewonnenen und beherrschten Gebiete für eine Weile der Rache der Sieger preisgab; und den von den 130 000 Mann, die ihn antraten, nur 30 000 überlebten.

Obwohl Ausweichbewegungen und Rückzüge – die bei dieser Art von Kriegführung immer zugleich Vorstöße sind, da sie ja die Revolution automatisch in neue Gebiete tragen – durchaus von Anfang an in Maos Kampfmethoden einkalkuliert waren, empfand Mao selbst den »Langen Marsch« und was ihn verursacht hatte, unzweifelhaft als Niederlage. Das beweist nicht nur seine Schrift über *»Strategie im chinesischen revolutionären Krieg«*, die bald danach, 1936, verfaßt ist. Noch mehr beweist es der Entschluß, den er im selben Jahr, 1936, faßte, die sozialrevolutionäre Grundlage, auf der er bis dahin gekämpft hatte, zu einer nationalrevolutionären auszuweiten und zu diesem Zweck kaltblütig ein Bündnis mit dem bisherigen Todfeind, der Kuomintang-Regierung, zu suchen. Die Gelegenheit dazu gab ihm die japanische Aggression.

Während der Bürgerkrieg in Südchina tobte, hatte bekanntlich Japan seit 1931 fortgesetzt Stücke von Nordchina abgerissen, ohne daß Tschiang Widerstand leistete. Tschiangs Politik war, zunächst mit seinem inneren Feind fertig zu werden, ehe er sich gegen den äußeren wandte. Mao zwang ihn, bei dem berühmten Sianfu-Zwischenfall im Dezember 1936, diese Politik umzustoßen und sich zunächst einmal mit seinem inneren Feind gegen den äußeren zu verbünden. Mao nahm dabei sogar formelle Unterordnung unter Tschiangs Zentralregierung, allerdings ohne Auflösung seiner eigenen Armeen, in Kauf und gewann dafür nicht nur eine Atempause, sondern auch Respekt und patriotische Sympathie in Teilen der chinesischen Gesellschaft, die bisher seine Klassenfeinde gewesen waren. Vor allem aber gewann er etwas anderes: einen auf seine Kriegführung wie nach Maß zugeschnittenen Feind – der ihm zugleich auch noch dadurch diente, daß er seinen bisherigen Feind, Tschiang, aus dem größten Teil Chinas ausschaltete.

Der japanisch-chinesische Krieg brach im Juni 1937 aus. Soweit er Japan und Tschiang betraf, war es ein konventioneller Krieg zwischen den regulären Armeen zweier Nationalstaaten, bei dem die überlegene japanische Armee drei Viertel von China besetzte und die Armee Tschiangs in den äußersten Süden Chinas zurückdrängte. Soweit er Japan und Mao betraf, war er aber etwas ganz anderes: ein zweites Experiment in der Konfrontierung der zwei Arten Krieg, des Krieges zwischen einer Bevölkerung und einer Armee, wobei die Armee nun nicht mehr die der eigenen Regierung, sondern die eines fremden Eindringlings, Eroberers und Landesfeinds war. »Logischerweise sollte ein Nationalkrieg breitere Massenunterstützung gewinnen als ein revolutionärer Agrarkrieg«, schrieb Mao kühl, und tatsächlich zeigte sich, daß bei einer solchen Konfrontierung mit der Armee einer fremden Feindmacht die Bevölkerung, mit den neuen Maoschen Methoden kämpfend, noch weit breiter mobilisierbar und weit eindeutiger überlegen war als in einem reinen Bürgerkrieg, und zwar aus zwei Gründen.

Erstens, weil die konkrete örtliche Gewalt eines fremden Eroberers über das eroberte Land physisch und geographisch noch viel begrenzter ist als die der eigenen Regierung, so daß der organisierte Volkswiderstand viel größeren Spielraum findet. Zweitens, weil gegen den fremden Eroberer noch viel breitere und tiefere Widerstandskräfte zu mobilisieren sind als gegen eine eigene Regierung, wie unpopulär oder verhaßt diese auch sein mag.

Während Tschiang sich im unbesetzten Süden Chinas eingrub, entfaltete Mao in den Riesenräumen des »besetzten« China zwischen und hinter den relativ dünnen Verbindungslinien der japanischen Front, nunmehr auf breitester nationaler Grundlage, seine Totalguerilla: mit dem Erfolg, daß, als Japan 1945 zusammenbrach, das ganze japanisch besetzte China außerhalb der Großstädte und Eisenbahnlinien Mao-Land geworden war. Weit gründlicher als einst seine Bauernrepubliken im Süden hatte Mao während des antijapanischen Krieges im Norden sein nunmehr nicht nur sozialrevolutionär, sondern national fundiertes neues Staatswesen, seinen »Gegenstaat«, der sich im Kampf, für den Kampf und durch den Kampf bildete, organisieren und konsolidieren können. Obwohl 1945 die Amerikaner die Kuomintang-Truppen in die nördlichen Städte flogen und dafür sorgten, daß die Japaner sich ihnen und nicht Mao ergaben und ihre Waffen ihnen und nicht Maos Guerilla-Armeen auslieferten, beherrschte Mao jetzt tatsächlich drei Viertel des chinesischen Gebiets.

Der japanische Krieg hatte den chinesischen Bürgerkrieg praktisch entschieden: Indem die Japaner Tschiang aus dem größten Teil Chinas hinausfegten, hatten sie diesen größten Teil Chinas für Maos Kriegführung geöffnet; und indem sie Mao nicht nur mit einem Klassenfeind, sondern mit einem Nationalfeind versahen, hatten sie es ihm ermöglicht, den weitaus größten Teil der Bevölkerung des besetzten China im Kampf hinter sich zu einen. Kurz, indem Mao Tschiang zu einem Nationalkrieg gegen Japan gezwungen hatte, hatte er ihn zu einem Krieg gezwungen, den Tschiang mit seinen konventionellen Mitteln nur verlieren, Mao aber mit seinen unkonventionellen nur gewinnen konnte. Wobei bemerkenswerterweise die waffentechnische Überlegenheit Japans, gegen die Tschiang wehrlos war, Mao kaum schadete: Tschiang war für seine Art Kriegführung, obwohl waffentechnisch schwächer als Japan, der schwierigere Gegner gewesen, weil sich gegen ihn nur bestimmte Klassen, gegen Japan aber fast alle Chinesen mobilisieren ließen.

Der Bürgerkrieg brach, nach der kurzen und ergebnislosen Verhandlungspause der Marshallmission, 1946 wieder aus. Die Versuche Tschiangs, von den mit amerikanischer Hilfe aus japanischer Hand zurückempfangenen Zentren Nord- und Zentralchinas aus das weite Hinterland zurückzuerobern, scheiterten schon im Anlauf. Seine Armeen, innerlich unsicher geworden, begannen sich aufzulösen und zum Gegner überzugehen. Seine »überlegenen« amerikanischen und japanischen Waffen landeten mehr und mehr in den Händen der Truppen Maos. Im Winter 1947/48 begann Maos Marsch nach Süden, bei dem die Großstädte – alles, was von Tschiangs Machtbereich noch übriggeblieben war – wie reife Früchte in seine Hände fielen.

Dieser fast mühelos wirkende, blitzartige Sieg der seit 1927 nie mehr recht ernstgenommenen chinesischen Kommunisten kam als furchtbarer Schock für das zeitunglesende Publikum Europas und Amerikas. Er kam auch für Rußland als Überraschung.

Der Schock und die Überraschung hatten ihren Grund darin, daß man die Vorgeschichte des kommunistischen Siegesmarsches, die gewaltigen Kriegsereignisse der zwanzig Jahre von 1927 bis 1947, überhaupt nicht zur Kenntnis genommen hatte. Und dies wiederum hatte seinen Grund darin, daß es sich dabei um Ereignisse handelte, die für Europa, Amerika und auch Rußland buchstäblich beispiellos und daher sinnlos, unverständlich waren. Man fand sie uninteressant und nicht einmal berichtenswert, weil sie in der eigenen Geschichte und Erfahrung keine Vorbilder hatten, mit denen man sie vergleichen und an denen man sie messen konnte. Es gab – und gibt noch heute – keine Form der Kriegsberichterstattung, die ihnen gerecht wird, sie von Tag zu Tag erklärt und verständlich macht. Sie paßten weder in den Erfahrungsschatz noch in das Begriffssystem der Europäer, Amerikaner und Russen. Die blutigen Wirren, die sich zwanzig Jahre lang im tiefen Hinterland Chinas abgespielt hatten, entsprachen weder dem herkömmlichen Vorstellungsbild einer Revolution noch dem eines Krieges. Allenfalls erinnerten sie an die »Jacquerien« der europäischen Geschichte, die plumpen, strukturlosen Heugabelaufstände verzweifelter Bauern, die immer mühelos niedergeschlagen worden waren. Daß hier tatsächlich eine neue Art von Krieg geboren worden war, eine Form des Revolutionskrieges, die sich dem herkömmlichen Krieg europäischer Prägung überlegen erweisen sollte, begann man erst zu begreifen, als man sich in den Folgejahren selber in vielen als schwach und unterlegen betrachteten Kolonialländern mit genau dieser Art Krieg konfrontiert fand und ihn zum eigenen fassungslosen Erstaunen immer wieder verlor.

Es scheint auch heute noch durchaus der Mühe wert, sich klarzumachen, worin sich diese neue Art Krieg von der herkömmlichen unterscheidet, warum sie unter den Bedingungen des Massen- und Atomzeitalters die herkömmliche zu verdrängen begonnen hat, worin ihre Überlegenheit besteht, und auch, wo ihre Voraussetzungen und ihre Grenzen liegen.

Mao und Clausewitz

»Der Krieg«, definiert Clausewitz – und diese Definition liegt allem herkömmlichen europäischen Kriegsdenken zugrunde –, »ist ein Akt der Gewalt, um den Gegner zur Erfüllung unseres Willens zu zwingen.«

Ganz anders definiert Mao Tse-tung den Krieg: »Die Wurzel allen Kriegsdenkens ist der Grundgedanke, sich selbst zu erhalten und den Feind zu vernichten. Alle technischen, taktischen und strategischen Lehrsätze sind nur Anwendungen dieses Grundaxioms. Der Einzelkämpfer, der in Deckung geht, um leben zu bleiben, und auf seinen Gegner schießt, um ihn zu töten, folgt ihm genauso wie der Stratege, der einen Feldzug oder einen Krieg plant.«

Der Unterschied springt in die Augen. Nach Clausewitz hat der Kriegführende ein begrenztes Ziel: Er will den Gegner zur Erfüllung seines Willens zwingen. Dazu braucht er den Gegner nicht zu vernichten, er *darf* ihn nicht einmal vernichten, sondern muß ihn zwar besiegen, aber auch erhalten: Denn ein vernichteter Gegner könnte ja seinen Willen nicht mehr erfüllen. Aus demselben Grund braucht sich der Kriegführende um seine Selbsterhaltung keine Gedanken zu machen, denn auch sein Feind will ihn ja nur »zur Erfüllung seines Willens zwingen«, nicht vernichten. Krieg, wie ihn Clausewitz definiert, ist also nicht ein Akt der Vernichtung, sondern nur ein Akt begrenzter Einwirkung; Einwirkung freilich durch Gewalt; aber durch mittelbare Gewalt, die sich nicht gegen den eigentlichen Gegner richtet (den er ja nur zum Nachgeben zwingen, nicht auslöschen will), sondern nur gegen seine Soldaten, allenfalls gegen seine Untertanen. »Krieg«, hat ein geistreicher Europäer gesagt, »ist eine Veranstaltung, bei der sich Leute, die sich nicht kennen und nichts gegeneinander haben, töten, und zwar auf Veranlassung von Leuten, die sich sehr wohl kennen und sehr wohl etwas gegeneinander haben, sich aber nicht töten.«

Man sieht sofort, aus welcher historischen Epoche dieser Kriegsbegriff stammt: aus der Epoche des fürstlichen Absolutismus; und es stellen sich auch sofort Assoziationen ein wie: »der Sport der Könige« oder »Schachspiel mit lebenden Figuren«. Gemessen an der Mao Tsetungschen Kriegsdefinition, wonach Krieg eine Sache aus einem Guß ist, in der der Soldat im Felde und der Oberste Kriegsherr nach demselben Prinzip handeln, weist die herkömmliche europäische Kriegsauffassung einen deutlichen inneren Bruch auf, einen Dualismus oder Widerspruch. Der Soldat und sein Oberster Kriegsherr handeln nach ganz verschiedenen Prinzipien. Nur für den ersteren gilt der Satz: »Töte, damit du nicht getötet wirst.« Die letzteren sind weder in Gefahr, getötet zu werden, noch wollen sie ihren Gegner töten: Sie wollen nur einen Streitfall mit ihm bereinigen und ihn nur »zur Erfüllung ihres Willens« zwingen, im allgemeinen zur Abtretung eines Stückes Land. Dazu wenden sie zwar Gewalt an, aber nach dem Satz: »Den Sack schlägt man, wenn man den Esel meint«; sie befehlen ihren Soldaten, die Soldaten ihres Gegners zu töten, um sich dann je nach dem Ergebnis dieser Tötungskonkurrenz zu Lasten Dritter, nämlich der jeweiligen Untertanen, mit ihrem Gegner vorteilhaft oder weniger vorteilhaft zu vergleichen. Der herkömmliche Krieg europäischer Prägung ist also nur auf der unteren Ebene Kampf; auf der oberen ist er Spiel – allenfalls: Kampfspiel.

In den klassischen Kriegen Europas – den Kabinettskriegen des achtzehnten Jahrhunderts, die von Napoleon III., Bismarck und Gortschakoff in der zweiten Hälfte des neunzehnten noch einmal kurzfristig wiederbelebt wurden – ist das Mißverhältnis zwischen dem Grauen der Schlachtfelder und der zivilisierten Salonatmosphäre unter den eigentlich Kriegführenden auffallend; auch das Mißverhältnis zwischen dem tragischen Ernst der Mittel und der Trivialität der Zwecke (oft nur Gewinn oder Verlust der einen oder anderen Provinz); und schließlich fällt dem Betrachter auf, daß diejenigen, die einander in diesen Kriegen zu töten hatten, meistens an Sieg oder Niederlage ihrer Kriegsherren nicht das geringste konkrete eigene Interesse hatten. Ihr Tun und Leiden ist daher doch wohl, trotz der Glorifizierung, die ihm zuteil geworden ist, nichts als bejammernswert; insbesondere die europäischen Soldaten des achtzehnten Jahrhunderts waren ganz ohne Zweifel unter den allerärmsten und erbarmungswürdigsten Menschenwesen, die je gelebt haben, Ausgestoßene der Gesellschaft, die, in bunte Röcke gesteckt, wie Zirkustiere mit unendlichen Prügeln zum Verrichten unwürdiger Kunststücke im Frieden und zum besinnungslosen Töten und Sterben im Kriege abgerichtet wurden.

Man täte also sehr unrecht, diese »ritterlichen« und begrenzten europäischen Kriege der guten alten Zeit zu romantisieren oder zu idealisieren, wie es heute oft geschieht. Man wird ihnen aber dreierlei zugestehen müssen: erstens, daß der Schaden, den diese Kriege für die Gesellschaft als Ganzes anrichteten, zu *ihrer* Zeit relativ begrenzt war; zweitens, daß sie *innerhalb des sozialen Systems*, das sie hervorbrachte, rational und sinnvoll waren: Mittels ihrer ließen sich Konflikte ohne Zerstörung der Gesamtordnung, in der ein paar tausend Bauernsöhne und Landstreicher nun einmal nicht zählten, zum Austrag bringen;

und drittens, daß es immer noch die einzige Art Krieg ist, die wir wirklich verstehen, die uns sozusagen im Blut steckt.

Insbesondere entspringen aus dieser »Hegung des Krieges« (in der beispielsweise Carl Schmitt eine der höchsten Errungenschaften der europäischen Zivilisation erblickt) fünf Grundsätze, die heute noch Kriegslehre und Kriegsrecht in der westlichen Welt weitgehend beherrschen.

Erstens der Grundsatz, die Disziplin der Armeen auf Zwang und Gehorsam zu stellen, nicht auf Überzeugung oder persönliches Interesse (und, dementsprechend, den Soldaten von der Verantwortung für alles, was er auf Befehl tut, zu entbinden): und zwar nicht, weil Zwang und Gehorsam unbedingt kampftüchtiger machen (die wenigen Fälle, in denen europäische Armeen wenigstens teilweise aus Überzeugung oder persönlichem Interesse kämpften, wie etwa die Armeen Cromwells oder die französischen Revolutionsheere, sprechen eher für das Gegenteil), sondern weil Überzeugung und persönliches Interesse des gemeinen Mannes in Obrigkeitsstaaten europäischer Prägung für Kriegszwecke einfach nicht mobilisierbar sind.

Zweitens der Grundsatz, zwischen kämpfender Truppe und nichtkämpfender Zivilbevölkerung eine scharfe Trennungslinie zu ziehen, und zwar sowohl zur Begrenzung des Krieges wie zum gegenseitigen Schutz. Der Friede zwischen den kriegführenden Potentaten soll nach Kriegsende leicht wiederherstellbar sein und soll daher auch während des Krieges nur teilweise suspendiert, nicht total abgeschafft sein. Die Zivilbevölkerung soll auch im Kriege nach Möglichkeit ihren Friedensbeschäftigungen nachgehen, und die Truppe soll sie dabei ebensowenig stören, wie sie ihrerseits die Truppe bei ihrem Kriegsgeschäft stören soll. Die Soldaten sollen einander töten, das ist ihre Pflicht; aber wenn sie Zivilisten oder wenn Zivilisten sie töten, dann bleibt das Mord.

Drittens der Grundsatz, den Krieg möglichst ins Feindesland zu tragen und das eigene Land vom Kriege möglichst freizuhalten – ein Grundsatz, der mit dem vorigen eng zusammenhängt. Wer den Krieg im eigenen Lande hat, hat ihn schon halb verloren; mindestens wird der Preis des Krieges durch die Störungen und Zerstörungen, die feindliche Armeen unvermeidlich anrichten, bedenklich erhöht. Ja, es gibt Fälle schon aus klassischen Zeiten – Mélac in der Pfalz, Marlborough in Bayern –, in denen bewußte Verwüstungsstrategie getrieben worden ist, um den Fürsten, den man so um Land und Leute brachte, schneller friedensgeneigt zu machen.

Viertens der Grundsatz, den Krieg nicht unbegrenzt auszuspinnen. Das hängt wiederum mit dem vorigen Grundsatz zusammen. Wenn Krieg rationell bleiben soll, muß er Ausnahmezustand bleiben und darf nicht Normal- und Dauerzustand werden, weil sonst sein Zweck seinen Preis nicht mehr aufwiegt. Dazu Clausewitz: »Da der Krieg kein Akt blinder Leidenschaft ist, sondern der politische Zweck darin vorwaltet, so muß der Wert, den dieser hat, die Größe der Aufopferung bestimmen, mit welcher wir ihn erkaufen wollen. Dies wird nicht bloß der Fall sein bei ihrem Umfang, sondern auch bei ihrer Dauer.

Sobald also der Kraftaufwand so groß wird, daß der Wert des politischen Zwecks ihm nicht mehr das Gleichgewicht halten kann, so muß dieser aufgegeben werden und der Frieden die Folge sein.«

Fünftens schließlich – und wieder mit dem vorigen zusammenhängend – der Grundsatz, den Krieg möglichst nicht durch alle Instanzen denkbarer »Eskalationen« durchzufechten, sondern eine schnelle Entscheidung zu suchen und selbst Vor- und Zwischenentscheidungen, wenn irgend möglich, als endgültig anzunehmen: Eine belagerte Festung kapituliert, wenn eine Bresche geschlagen ist oder die Rationen erschöpft sind; ein eingeschlossener Truppenteil ergibt sich, wenn »weiteres Blutvergießen sinnlos geworden ist«; für Gefangene »ist der Krieg vorbei«. Nach jeder Hauptschlacht pflegt der Sieger Friedensvorschläge zu machen. Als die ruhmreichsten und meisterhaftesten Kriege gelten die ganz kurzen – wie die von 1859 und 1866 –, bei denen nach ein oder zwei gewonnenen Schlachten der maßvolle Sieger das ihm Wesentliche in einem schnellen Friedensschluß ins trockene bringt und womöglich gar den geschlagenen Gegner zugleich versöhnt.

Jeder Europäer, der diese Grundsätze liest, wird sie sofort – auch heute noch – instinktiv einleuchtend finden. Jeder wird aber auch sofort bemerken, daß sie in den Kriegen des zwanzigsten Jahrhunderts zunehmend außer Kurs gekommen sind.

Zwang und Gehorsam sind zwar immer noch die Grundlage der Armeen, aber der korrespondierende Grundsatz der Nichtverantwortlichkeit für Handlungen unter Befehl ist weitgehend außer Kraft gesetzt. Auch werden Zwang und Gehorsam zwar auch heute nicht durch Überzeugungen und Interesse ersetzt (das bleibt unmöglich), aber zunehmend durch Propaganda und das ergänzt, was Ernst Niekisch mit einem glücklichen Ausdruck »Verwahnung« genannt hat.

Die scharfe Trennungslinie zwischen Truppe und Zivilbevölkerung ist sowohl durch die totale Kriegswirtschaft, die fast die ganze Zivilbevölkerung in den Dienst der Kriegführung stellt und damit zu einem legitimen Objekt der feindlichen Kriegführung macht, wie durch Blockade und »strategischen« Bombenkrieg verwischt. Auch der Partisanenkrieg ist als Ergänzung regulärer Kriegführung durchaus üblich geworden, unterliegt allerdings immer noch den Repressalien, die einst durch grundsätzliche Schonung der Zivilbevölkerung kompensiert und gewissermaßen gerechtfertigt waren.

Der Grundsatz, den Krieg möglichst ins Feindesland zu tragen, beherrscht weiter die Landstrategie, aber die Allgegenwart des Luftkrieges hat ihn weitgehend seines Sinnes beraubt. Die Grundsätze schließlich, den Krieg zeitlich und materiell zu begrenzen, ein rationales Verhältnis zwischen Mitteln und Zweck einzuhalten, sind in den beiden Weltkriegen gänzlich über Bord gegangen. Diese beiden Kriege sind bekanntlich in ihrem Verlauf völlig außer Kontrolle geraten und haben Ergebnisse gezeitigt, die mit den Streitobjekten und Kriegszielen, um derentwillen sie begonnen wurden, auch nicht mehr die entfernteste Beziehung hatten. Auch haben sich die »Sieger« in diesen Kriegen als keineswegs mehr identisch mit den »Gewinnern« herausgestellt.

Zusammenfassend kann man sagen, daß schon die beiden Weltkriege den »gehegten« Krieg europäischer Konvention, die »ultima ratio regum«, weitgehend ad absurdum geführt haben. Die seitherige Entwicklung der Atom- und Raketenwaffen hat nur eine bereits vorgeschrittene Entwicklung auf die Spitze getrieben und die Verkehrung von ultima ratio in ultima irratio auch dem einfachen Verstand aufgedrängt.

Was den begrenzten und rationalen Krieg europäischer Prägung und Clausewitzscher Definition unbegrenzbar und irrational gemacht hat, sind zwei Dinge: Demokratie und Technik. Die Demokratie hat aus dem »Schachspiel mit lebenden Figuren« sozusagen den Schachspieler entfernt; es ist heute, als ob die Figuren selbst miteinander Schach spielen sollten, und zwar um ihr Leben, ohne das Spiel übersehen oder auch nur verstehen zu können. Die Technik hat die Kriegsmittel dem Kriegszweck derart über den Kopf wachsen lassen, daß heute der Krieg gerade für die mächtigsten Länder mit physischer

Selbstvernichtung identisch geworden ist, womit offensichtlich kein denkbarer politischer Zweck mehr zu erreichen ist.

Man hat daraus vielfach den Schluß gezogen, daß jeder Krieg heute unmöglich – oder wenn nicht unmöglich, jedenfalls gänzlich sinnlos und widervernünftig geworden sei. Aber dieser Schluß ist vorschnell. Wir haben ja mit eigenen Augen in jüngster Zeit eine ganze Anzahl von Kriegen mit angesehen, die stattgefunden haben, also offensichtlich nicht unmöglich waren, und die auch für die Siegerseite ihren Zweck erreicht haben, also nicht gänzlich sinnlos waren: den chinesischen und den kubanischen Bürgerkrieg, die nationalen Befreiungskriege Indonesiens, Zyperns, Algeriens, den ersten nationalen Befreiungskrieg der indonesischen Staaten Laos, Kambodscha und Vietnam gegen Frankreich. Ganz offenbar gibt es also noch eine Art Krieg, die möglich und sinnvoll ist. Aber es ist eben eine ganz andere Art Krieg als die uns geläufige: nämlich die Art Krieg, die der Definition Mao Tse-tungs, und nicht die, die der Definition Clausewitz' entspricht, also die Art Krieg, die den

Gegner nicht durch einen Akt mittelbarer Gewalt zur Erfüllung des eigenen Willens zwingen, sondern sich selbst erhalten und den Gegner vernichten, ja *sich selbst an seine Stelle setzen* will. Ein solcher Krieg ist immer ein Revolutionskrieg und immer ein Volkskrieg; er ist nach bisheriger Erfahrung am sichersten erfolgreich, wenn er zugleich ein nationaler Befreiungskrieg ist, das heißt, wenn er Fremdherrschaft durch nationale Selbständigkeit ersetzen will. Dieser Art Krieg scheinen die beiden Zerstörer des klassischen europäischen Krieges, Demokratie und Technik, ungefährlich zu sein: die Demokratie, weil er sie auf eine äußerst radikale, ja erschreckende Weise in sich aufnimmt und verwirklicht; die Technik, weil er sie unterläuft.

Im herkömmlichen Kriege geht es immer nur darum, daß eine Regierung eine andere zwingen will, etwas zu tun, was sie freiwillig nicht tun will. Das ist offenbar heute mit den Mitteln des Krieges nicht mehr möglich. Im Kriege neuer Art geht es dagegen immer darum, daß eine Regierung eine andere abschaffen und sich selbst an ihre Stelle setzen will. Das ist offenbar noch möglich – unter gewissen Voraussetzungen, die noch zu prüfen sein werden, und mit gewissen Mitteln, die denen des herkömmlichen europäischen Krieges in allen Punkten diametral entgegengesetzt sind.

Wir haben oben die fünf Hauptgrundsätze oder Spielregeln des herkömmlichen europäischen Krieges skizziert. Der erste war, daß die Kampfdisziplin der Truppe auf Zwang und Gehorsam beruht und nicht auf Überzeugung und persönlichem Interesse. Im Kriege neuer Art – der »Totalguerilla« – spielen Zwang und Gehorsam zweifellos ebenfalls früher oder später eine Rolle. Primär aber muß der Kampfwille auf Überzeugung und Interesse beruhen, weil nämlich die Mittel, Gehorsam zu erzwingen, zunächst völlig fehlen. Die sozialrevolutionären oder nationalrevolutionären Zellen, von denen jeder dieser Kriege ausgeht, haben zunächst keinerlei Macht. Wenn sie irgend jemanden in den Kampf kommandieren wollten, würden sie ausgelacht werden. Sie können nur agitieren, also überzeugen. Und die kleinen Kommunen oder Banden, die sich bestenfalls zunächst um sie herum bilden und die den ersten Widerstand gegen die etablierte – eigene oder fremde – Staatsgewalt wagen müssen, können nicht, wie die europäischen Grenadiere des 18. Jahrhunderts, dadurch zur Tapferkeit gezwungen werden, daß sie vor ihren Offizieren mehr Angst haben als vor dem Feind; der Feind ist, zunächst wenigstens, immer weit furchtbarer als die eigenen Offiziere. Sie müssen also schon das Gefühl haben, daß sie für ihre eigene Sache, für ihr eigenes Interesse kämpfen; und das einzig sichere Mittel, ihnen dies Gefühl zu geben, ist Realitäten zu schaffen, die es rechtfertigen. Verzweifelte landlose Bauern, die ihren Grundherren totgeschlagen und sein Land aufgeteilt haben, brauchen weder Zwang noch Propaganda, um ihre Haut so teuer wie möglich zu verkaufen, wenn dann die Soldaten kommen; nur eine Führung, die ihnen das Gefühl vermittelt, eine Chance zu haben. Verzweiflung und das Gefühl, eine Führung und eine Chance zu haben, geben einer Totalguerilla ihre Rekruten, revolutionäre Aktionen und das Verbrennen der Boote ihre Armeen; und die Grundlage ihrer Kampfdisziplin ist die unentrinnbare Bindung des persönlichen Schicksals an die gemeinsame Sache. Was etwa noch fehlt, um diese Disziplin unverbrüchlich zu machen, liefert fast unfehlbar die Gegenseite, die ja zunächst stets glaubt, keinen Krieg, sondern eine Strafexpedition zu führen, sich entsprechend benimmt und damit den ersten Kämpfern dessen, was die neue Ordnung und die neue Regierung werden will, jeden Rückzug, auch innerlich, abschneidet.

Der zweite Grundsatz europäischer Kriegführung war die Trennung von Truppe und Zivilbevölkerung. Totalguerilla beruht im Gegenteil – das ist ja geradezu ihre Erkennungsmarke geworden – auf der äußersten Verschmelzung von Truppe und Zivilbevölkerung. Die Zivilbevölkerung muß nicht nur Auge und Ohr der Truppe werden – und gleichzeitig den Feind blind und taub halten; sie muß das unerschöpfliche Rekrutierungsreservoir der Truppe sein, und zugleich muß die Truppe jederzeit, wenn nötig, ununterscheidbar in sie zurückschmelzen können. Der Feind muß, wo und solange er stärker ist, ständig vor der Alternative stehen, wahllos auszurotten oder ins Leere zu stoßen. Die entscheidende Operation jeder Totalguerilla ist, die Bevölkerung zu dem »Ozean« zu machen, in dem der Feind ertrinkt und in dem die eigenen Soldaten schwimmen wie die Fische im Wasser. Ist diese stille Totalmobilisierung der Bevölkerung – anders ausgedrückt: der aktive Übergang der Bevölkerung von der alten und offiziellen zu der neuen und revolutionären Ordnungsgewalt – einmal geglückt, so ist endgültige Niederlage so gut wie unmöglich geworden und Sieg nur noch eine Frage der Ausdauer und Leidensfähigkeit. Das Interessante ist, daß in fast allen bisherigen Kriegen dieser Art der jeweilige Feind selbst im höchsten Maße dazu beigetragen hat, die kriegsentscheidende Umstellung der Bevölkerung zustande zu bringen, durch wahllosen Terror, der Einschüchterung erzeugen soll. Aber Terror, hinter dem weder Überzeugungskraft noch dauernde und unwiderstehliche Macht steht, hilft denen, die er brechen will.

Der dritte Grundsatz europäischer Kriegführung war, den Krieg nach Möglichkeit ins Feindesland zu tragen. Die Totalguerilla ist nicht nur am stärksten im eigenen Land, sie ist wahrscheinlich nur im eigenen Land überhaupt möglich. Jedenfalls gibt es bisher kein Beispiel für erfolgreiche Kriegführung dieser Art in einem fremden Land, schon weil dort die Verschmelzung von kämpfender Truppe und Bevölkerung, die eines der Haupterfolgsgeheimnisse dieser Art von Kriegführung ist, unmöglich sein dürfte. Dagegen hat sich immer wieder erwiesen, daß die Totalguerilla, obwohl sie stets auch Bürgerkriegszüge trägt, dann ihre größte Kraft entfaltet, wenn der Feind nicht die eigene Regierung, sondern eine landfremde Aggressions- oder Kolonialmacht, etwa gar noch anderer Rasse, ist. Der entscheidende Geniestreich Maos im chinesischen Bürgerkrieg war der erzwungene Wechsel des Gegners im Jahre 1936/37, die Ersetzung Tschiangs durch die Japaner, die ihm erst die Art Feind lieferte, die er brauchte, um Millionen ehemaliger Tschiang-Anhänger auf seine Seite zu ziehen. Was nach dem japanischen Zwischenspiel von Tschiangs Regierung und Armee übrigblieb, war eine leere Hülse. Ähnlich dürfte im gegenwärtigen Vietnam-Krieg der amerikanische Entschluß, den Krieg zu einem amerikanischen zu machen, in absehbarer Zeit die von ihnen bewaffneten und geschulten Truppen des ursprünglichen südvietnamesischen Sonderstaates nach und nach auf die Seite ihres Volkes zurückführen; insofern ist die Vermutung begründet, daß jeder neu in Vietnam gelandete amerikanische Truppenteil den Endsieg der Gegner Amerikas sicherer macht.

Der vierte Grundsatz europäischer Kriegführung war, den Krieg kurz zu halten. Der Grundsatz der Totalguerilla ist, den Krieg zu einem Dauerzustand zu machen, im »Ozean des Krieges schwimmen zu lernen«. Dies ist für die europäische (oder gar die amerikanische) Mentalität besonders unverständlich, zum Verständnis der neuen Kriegsform aber besonders wichtig. Etwas so Schreckliches wie einen Krieg geradezu absichtlich in die Länge zu ziehen und unter Vermeidung einer Entscheidung jahre- und jahrzehntelang in Gang zu halten, erscheint uns, die wir schon im Sprichwort ein Ende mit Schrecken einem Schrecken ohne Ende vorziehen, pervers und unmenschlich (obwohl man es natürlich ebenso pervers und unmenschlich finden könnte, etwas so Schreckliches wie einen Krieg überhaupt anzufangen). Nun, auch den Chinesen, Algeriern, Kubanern und Vietnamesen wäre ein kurzer Krieg wahrscheinlich lieber als ein langer gewesen, und auch Mao Tse-tung hat eine seiner längsten und eindringlichsten Lehrschriften daran wenden müssen, seinen Gefolgsleuten den Gedanken des Dauerkriegs nahezubringen. (Es ist die dritte der hier übersetzten Schriften.*)

Man bilde sich also nur nicht ein, man habe es hier mit einem Fall asiatischer Rätselhaftigkeit und Andersartigkeit zu tun. Die lange Dauer einer Totalguerilla ist eine bittere strategische Notwendigkeit und hat vollkommen rationale Gründe.

Sie ist deswegen nötig, weil ein solcher Krieg für die revolutionäre Seite in seinem innersten Wesen immer ein Wachstumsvorgang ist, und

Ist das Grausamkeit? Aller Krieg ist grausam, und den totalen Guerillakrieg zu verniedlichen und zu beschönigen wäre ebenso geschmacklos wie die landläufige Verniedlichung und Beschönigung friderizianischer oder napoleonischer Schlachten – die keine militärischen Ballette, sondern konzentrierte Greuelszenen waren. Der menschliche Geist ist aber so beschaffen, daß er sich auch mit dem Schrecklichen abzufinden und einzurichten weiß, solange es Sinn und Verstand hat und vernünftiger Erklärung zugänglich ist: mit den friderizianischen und napoleonischen Schlachten zu ihrer Zeit ebenso wie mit dem Maoschen Dauerkrieg heute. Nur die *sinnentleerte* Grausamkeit, nur der unverständlich gewordene, phrasengenährte, verlogene Krieg, der sich selbst nicht mehr erklären kann, nur das kopflose Wüten der trotzigen, lernfaulen Dummheit und Widervernunft, die nicht mehr weiß, was sie tut, ist gänzlich unentschuldbar und vor Gott und Menschen verworfen.

Der fünfte Grundsatz europäischer Kriegführung war, eine schnelle

Entscheidung zu suchen – und sie anzunehmen, solange der momentane Sieger dem Besiegten einigermaßen goldene Brücken baute. Der fünfte Grundsatz der Totalguerilla ist, jeder Entscheidung so lange hartnäckig auszuweichen, wie der Gegner stärker bleibt, und keine Entscheidung als endgültig anzunehmen, ehe der unvermeidliche Sieg errungen ist. Eine von Maos Losungen, die in den folgenden Schriften ausgegeben werden, lautet: »Keine Dauerfeldzüge und keine Blitzkriegsstrategie, sondern eine Strategie des Dauerkrieges mit Blitzfeldzügen.« Es ist die natürliche Strategie des Schwächeren, der weiß, daß er es in sich hat, der Stärkere zu werden. (Solange er das nicht geworden ist, kann er nur immer wieder einmal blitzartig zuschlagen und dann schnell wieder das Weite suchen.) Und er hat es in sich, der Stärkere zu werden, wenn seine Wurzel in der Bevölkerung fester sitzt und tiefer reicht als die seines Feindes, der dieselbe Bevölkerung beherrschen will. Das ist gegenüber einer Fremdmacht *immer* der Fall – weswegen zum Beispiel der Krieg in Vietnam nach menschlichem Ermessen für die Amerikaner unwiderruflich verloren ist, seit sie ihn zu einem offen amerikanischen Krieg gemacht haben, auch wenn sie, wie seinerzeit die Franzosen in Algerien, eine Weile das ganze Land mit Gewalt niederhalten können sollten, und auch wenn es noch Jahre oder gar ein bis zwei Jahrzehnte dauern sollte, bis ihre unvermeidliche Niederlage voll ausgereift ist. Es ist gegenüber einer landeseigenen Regierung dann der Fall, wenn diese Regierung die Anhänglichkeit und den Respekt der Massen an die Revolution verloren hat. Dies aber ist häufig schon die Voraussetzung für die Anfangserfolge der Revolution, so daß in Kriegen dieser Art heute immer eine starke Vermutung für den Endsieg der organisierten und militant gewordenen Revolution spricht, sobald sie den Test der ersten Monate überstanden hat; wenigstens dann, wenn die Revolutionäre nicht nur kämpfen und zerstören, sondern auch aufbauen und Staat schaffen: *wachsen* können.

Dies alles erklärt nebenbei, warum die Totalguerilla die beiden Zerstörer des europäischen »gehegten« Krieges, Demokratie und Technik, nicht zu fürchten hat. Sie ist, wie der aufmerksame Leser der vorangegangenen Absätze selbst deduziert haben wird, mit all ihren spezifischen Schrecknissen, die eigentlich demokratische Form des Krieges, ein blutiges *»plébiscite de tous les jours«* – während die Kriegsform, die auch westliche Demokratien immer noch als einzige kennen und beherrschen, in ihrer Grundkonzeption und inneren Logik aristokratisch-absolutistisch, also für Demokratien im Grunde systemwidrig ist und gerade wenn von Demokratien praktiziert, leicht den eigenen Herrn schlägt. Und wiederum: *Weil* sie so demokratisch ist, unterläuft die Totalguerilla die moderne Kriegstechnik. Man kann einen Volkswiderstand, bei dem Soldat und Zivilist, Freund und Feind nicht mehr zu unterscheiden sind, nicht mit Flächenbombardements niederschlagen; man facht ihn damit eher an. Man kann keine Kriegsindustrie zerschlagen, wenn keine existiert und der Waffennachschub für die Revolutionäre aus den Arsenalen ihres Feindes, also der bekämpften Regierung oder der fremden Eindringlinge, stammt; und man kann ein Land nicht vernichten, das man doch schließlich selber, direkt oder indirekt, beherrschen will.

Oder kann man es doch? Für die Amerikaner in Vietnam zum Beispiel wird die Endalternative wahrscheinlich sein, das Land, da sie es nicht »amerikanisieren« können, zu räumen oder es atomar zu vernichten. Das zweite freilich wäre für sie die schwerere, nie wiedergutzumachende Niederlage.

Mao und Trotzki

Wir haben die Totalguerilla Maoschen Stils soeben die eigentlich demokratische Form des Krieges genannt und damit sicherlich manchen Leser schockiert. Ist es nicht, wird man fragen, vielmehr die kommunistische Form des Krieges?

Mao selbst dürfte diese Frage bejahen. In allen seinen Schriften führt er die Existenz einer kommunistischen Partei und die Führung des Krieges durch die kommunistische Partei als eine der unabdingbaren Voraussetzungen des Sieges auf.

Wir tun aber gut daran, uns gerade hier wieder einmal zu erinnern, daß Maos militärische Schriften situations- und zweckbedingt sind. Er führte den chinesischen Bürgerkrieg als Führer der chinesischen Kommunistischen Partei und hätte sich ins eigene Fleisch geschnitten, wenn er die notwendige Rolle dieser Partei nicht gebührend herausgestrichen oder gar in Zweifel gezogen hätte. Außerdem hatte er in der

Situation des chinesischen Bürgerkrieges – und keine andere interessierte ihn, als er seine militärischen Schriften verfaßte – vollkommen recht: Nur die Kommunistische Partei Chinas konnte damals, unter den konkret gegebenen Bedingungen, einen Krieg dieser Art organisieren und ihm das politische Rückgrat geben; es gab keine andere, die sie hätte ersetzen können.

Inzwischen ist aber weiteres Erfahrungsmaterial für das Studium der Totalguerilla zur Hand gekommen, und heute wird man den Maoschen Satz, daß die Existenz einer kommunistischen Partei zu den unabdingbaren Voraussetzungen einer erfolgreichen Totalguerilla gehört, modifizieren müssen. Immer noch bleibt wahr, daß die Existenz einer Partei oder sonstigen politischen Organisation mit massenmobilisierender und staatsbildender Kraft für die siegreiche Führung einer Totalguerilla absolut unentbehrlich ist. Dies *kann* eine kommunistische Partei sein – sie ist es sehr oft; aber es *braucht* nicht eine kommunistische Partei zu sein. Es hat erfolgreiche Totalguerillas gegeben, die von nichtkommunistischen Organisationen geführt worden sind: in Palästina, in Zypern, auch in Kuba (Castro konvertierte erst nach seinem Siege zum Kommunismus), vor allem aber in Algerien, das eins der massivsten bisherigen Beispiele siegreicher Totalguerilla bietet und wo der Kommunismus überhaupt keine Rolle gespielt hat. Umgekehrt gibt es Beispiele kommunistischer Revolutionen (erfolgreicher und erfolgloser), die sich der Technik der Totalguerilla *nicht* bedient haben; insbesondere gilt dies von der neben der chinesischen berühmtesten aller kommunistischen Revolutionen, der russischen. Die Bürger- und Interventionskriege, die der Oktoberrevolution folgten, sind erstaunlicherweise von Trotzki als konventionelle Kriege, und zwar ganz bewußt nach Clausewitzschen Ideen, geführt und gewonnen worden.

Die entscheidende Wichtigkeit einer nicht nur zur Massenmobilisierung, sondern auch zur Staatsbildung fähigen politischen Organisation springt in die Augen, wenn wir den Erfolg der modernen Totalguerilla mit dem Mißerfolg historischer Bauernkriege vergleichen.

Dieser Mißerfolg hat zwar gewiß nicht immer die gleichen Ursachen gehabt. Im deutschen Bauernkrieg zum Beispiel hatten die Aufständischen nicht einmal den Grundgedanken jedes Volkskriegs begriffen, daß die Revolution im Kampf mit der etablierten Staatsgewalt nicht deren Kampfregeln annehmen darf: Kaum geboren, stellten sich die »hellen Haufen« der deutschen Bauern den schwerbewaffneten und gutgedrillten Landsknechtsheeren ihrer Widersacher zur Schlacht – und das heißt unter solchen Bedingungen ganz einfach zur Abschlachtung. Aber es hat auch in der europäischen Geschichte revolutionäre Kleinkriege gegeben, in denen manche der strategischen Grundgedanken dieser Kriegsform – das Ausweichen vor Entscheidungsschlachten, die Ausnutzung des Raumes und der Strukturschwäche der Staatsgewalt in den Weiten des Hinterlandes, die Fähigkeit der Partisanen, mit der ländlichen Bevölkerung ununterscheidbar zu verschmelzen, die Strategie der Zermürbung und des Dauerkrieges, die Mobilisierung nationaler Gefühle gegen den fremden Eindringling –

mit fast genialem Instinkt begriffen und angewandt wurden; besonders im spanischen Volkskrieg gegen Napoleon von 1808 bis 1813 war es so. Aber auch dieser Krieg ist politisch ergebnislos geblieben, und zwar weil ihm das Rückgrat einer ebenso staatsbildenden wie revolutionären Organisation fehlte. Er konnte zwar die Konsolidierung der feindlichen Ordnung nachhaltig verhindern, aber keine eigene wachstumsfähige revolutionäre Ordnung an ihre Stelle setzen; letzten Endes kam es auf einen Kampf der Unordnung gegen die Ordnung heraus, wobei doch die Ordnung – *jede* Ordnung – schließlich immer den längeren Atem zu haben pflegt.

Wahrscheinlich ist es gerade dies, was der Guerilla in der europäischen Kriegsgeschichte den Ruf der militärischen Unseriosität eingetragen hat. Eine Guerilla ohne eigenes Ordnungs- und Staatsprinzip kann zwar, unter gewissen Vorbedingungen, lange in Gang gehalten werden, verkümmert aber leicht zu bloßem Bandenwesen, wenn man so will: zu politischer Kriminalität großen Stils, und verliert schließlich gerade dadurch den Halt in der Bevölkerung, von dem sie lebt: Der Mensch ist nun einmal so beschaffen, daß er die reine Unordnung und die reine Negation auf die Dauer nicht erträgt. Verzweiflung und Empörung genügen zwar, um eine Guerilla in Gang zu setzen, aber nicht, um sie zum Siege zu führen: Dazu gehört die Kraft zur Errichtung einer positiven Gegenordnung, die schließlich sogar, irgendwann im Verlaufe des Krieges, das Bewußtsein der überlegenen, der *eigentlichen* Legitimität für sich gewinnen und dem Feind das Odium des Ordnungsstörers zuschanzen können muß. Und dazu wiederum gehört eine festgefügte Organisation, die beides hat: eine Ideologie, die sie mit den Bevölkerungsmassen verbindet und ihr die Überzeugungskraft gibt, mit der die ersten, alles wagenden Freiwilligen geworben werden, und eine innere Disziplin, die von einem bestimmten Augenblick an »fassen« und Staatsgewalt werden kann. Eine solche Organisation fehlte den spanischen Guerilleros der Napoleonzeit ebenso wie den französischen Bauern der *vendée* oder den italienischen Banden des 19. Jahrhunderts. Sie macht offenbar den entscheidenden Unterschied zwischen sicherer Niederlage und Unbesiegbarkeit.

Sicherlich ist eine leninistische Partei in vieler Hinsicht für eine solche Rolle wie geschaffen, und ihre Erfolge in China selbst, im Jugoslawien des Zweiten Weltkrieges und in Vietnam sprechen für sich. Aber das Verhältnis zwischen Kommunismus und Totalguerilla ist trotzdem nicht so einfach, wie es hiernach scheinen könnte.

Der australische Sinologe C. P. Fitzgerald schreibt in seinem Buche *»Revolution in China«*: »Mao und Tschuh schufen eine neue Art kommunistischen Regimes, mit den Bauern als Fundament, Bodenreform als Hauptstütze, Geurillakrieg als Verteidigung, Vermeidung der Städte als Strategie, Aufrüttelung der Bauern als politischem Ziel. Nach der russischen Theorie war das alles Häresie. Das Politische Zentralkomitee und die Russen bemerkten das sofort, und Mao wurde aus dem Politischen Zentralkomitee ausgeschlossen. Vielleicht wurde er sogar aus der Kommunistischen Partei ausgeschlossen, niemand kann das heute nachprüfen. Der Kommunismus liebt es nicht, Beweise vergangener Fehler in seinen Geschichtsbüchern zu belassen.«

Ob Mao nun wirklich einmal aus der Kommunistischen Partei ausgeschlossen wurde oder nicht – sicher ist, daß seine Führung des Revolutionskrieges vom hergebracht marxistisch-leninistischen Standpunkt aus durch und durch häretisch war. Jeder objektive Beobachter kann das mit dem bloßen Auge ebenso deutlich sehen, wie es die damaligen Führer der chinesischen KP und wie es Stalin und später Chruschtschow sahen.

Die Marxsche Lehre, an der auch Lenin theoretisch nichts geändert hat, ernennt zum Vollstrecker der sozialistisch-kommunistischen Revolution das Industrieproletariat der Großstädte; sie setzt eine entwickelte kapitalistische Wirtschaft als Vorgänger und Grundlage der proletarischen Revolution voraus – die proletarische Revolution soll im kapitalistischen System so natürlich zur Geburt heranreifen wie das Embryo im Mutterleib. Auch ist diese Revolution von Marx offensichtlich keineswegs als ein mörderischer Dauerkrieg ins Auge gefaßt, sondern als ein kurzer explosiver Vorgang, eben eine Geburt.

Auch wenn Mao also der Marxschen Lehre gelegentlichen Lippendienst geleistet und auch wenn er eine marxistisch-leninistisch eingestellte kommunistische Partei als Führungs- und Integrationsinstrument seiner Revolution und seines revolutionären Krieges und Staates benutzt hat: An die marxistisch-leninistische Lehre gehalten hat er sich keinen Augenblick. Was er von Marx übernommen hat, ist der scharfe Blick auf die Wirklichkeit der Klassen und Klasseninteressen; was er von Lenin übernommen hat, ist die feste Organisation der Partei als politisches Macht- und Führungsinstrument. Das ist aber auch alles. Der Inhalt seiner Revolution war nicht marxistisch, und ihre Strategie und Taktik war nicht leninistisch. Die Klasse, auf die er sich in Wahrheit für Revolution und Revolutionskrieg gestützt hat – auch wenn er gelegentlich etwas anderes sagt –, sind die Bauern, nicht die Industriearbeiter gewesen. Die großen Städte, in denen es Industriearbeiter gab, hat er ganz zuletzt von außen militärisch erobert; nie hat er sie von innen zu revolutionieren versucht. Seine Gegenordnung ist nicht im Schoße der alten Ordnung natürlich herangereift, sondern von den ersten Anfängen an der alten Ordnung hart und herausfordernd entgegengestellt worden; sie setzt die alte Ordnung nicht auf höherer Ebene, gewissermaßen mit einer Spiraldrehung, fort, sondern sie setzt sozusagen unterhalb der alten Ordnung neu an, in den Tiefen der vernachlässigten, zurückgebliebenen Landbevölkerung, aus denen der militante Gegenstaat heranwuchs. Sie ist nicht geboren, sie ist erkämpft worden. Sie ist außerdem von Anfang an betont chinesisch-nationalistisch, nicht proletarisch-internationalistisch gewesen. Sie ist weit mehr eine Fortsetzung der Tai-phing- und der Boxerrevolution als der Pariser Kommune oder selbst der russischen Oktoberrevolution.

Freilich – auch die russische Oktoberrevolution war ja bereits in einem streng marxistischen Sinne häretisch. Auch sie war keine Proletarierrevolution, auch sie fand in einem vor- oder allenfalls frühkapitalistischen Bauernland statt, in dem sie nach Marx eigentlich gar nicht stattfinden konnte. Lenin und Trotzki rechtfertigten ihren Staatsstreich denn auch anfänglich nur als »Initialzündung« einer europäischen, nicht russischen Revolution; aber diese europäische Revolution fand ja dann bekanntlich nicht statt. Soweit die russische Revolution mehr als ein Staatsstreich war, war auch sie eine Bauernrevolution, und es war wohl auch im letzten Grunde das Klasseninteresse der Bauern, die sich das Land der Grundherren genommen hatten, was die Bürger- und Interventionskriege zugunsten der Bolschewiki entschied. Aber den russischen Bolschewiki war das alles unendlich peinlich, sie haben es nie wahrhaben wollen und es immer nach Kräften wegdisputiert – während Mao, trotz gelegentlicher Komplimente an das (in China kaum vorhandene) Proletariat, nie ein Hehl daraus gemacht hat, daß er der Führer einer Agrarrevolution und eines Bauernkrieges war. Bei Mao decken sich Wort und Lehre im großen und ganzen mit der Tat; in Rußland klafft zwischen Wort und Tat vom ersten Tage an ein nicht zugegebener Widerspruch, der in die sowjetische Innenpolitik bis zum heutigen Tage ein Element von Krampf und Unwahrhaftigkeit, von verleugnender Unsicherheit gegenüber der eigenen Geschichte und dem eigenen Wesen hineinträgt.

Wichtiger aber als der Unterschied in den Worten ist der ungeheure Unterschied in den Taten der russischen und der chinesischen Revolutionäre. In China waren Agrarrevolution, Bürgerkrieg und politische Revolution eins – ein langer Vorgang, der ein Vierteljahrhundert in Anspruch nahm; und der Bürgerkrieg, dessen Antrieb die Agrarrevolution und dessen Ziel und Ergebnis die politische Revolution war, wurde von Anfang bis zu Ende als Volkskrieg, als Totalguerilla geführt. In Rußland ging die politische Revolution als Staatsstreich allem anderen voran; die Agrarrevolution lief, planlos und anarchisch, mehr geduldet als gelenkt, nebenher; der Bürgerkrieg – eine verhältnismäßig kurze Folge von Einzelkampagnen – folgte nach, als Abwehrkrieg gegen Gegenrevolution und Auslandsintervention, und wurde als konventioneller Krieg mit improvisierten konventionellen Armeen geführt, die auf Zwang und Gehorsam gegründet waren wie jede staatliche Armee und deren Untereinheiten zum großen Teil von zwangsverpflichteten zaristischen Berufsoffizieren geführt wurden.

Die russischen Bolschewiki führten ihre Bürgerkriege von 1918 bis 1921 als legale Staatsmacht, die Aufständische niederkämpfte; und ihr Instrument dabei war eine konventionelle Wehrpflichtarmee mit konventioneller Disziplin, von Trotzki in einer organisatorischen Gewaltleistung aus dem Boden gestampft – aber eben aus dem Boden, den die alte Zarenarmee vorgepflügt hatte. Man könnte sagen: Lenin und Trotzki rissen der alten russischen Oberklasse ihren Staatsknüppel aus der Hand und drehten ihn um; aber es war immer noch derselbe Knüppel.

Mao dagegen führte seinen jahrzehntelangen Bürgerkrieg als Revolutionär und Schöpfer eines Gegenstaates; und er führte ihn mit den Mitteln der Totalguerilla, durch die Gewinnung, Mobilisierung und

Organisation der bäuerlichen Massen Chinas. Seine Armeen und sein Staat wuchsen sehr langsam, aus einem Boden, den er selbst zunächst aufzupflügen und zu säen hatte. Er riß nicht dem alten China den Knüppel aus der Hand und drehte ihn um; sondern er drehte, sehr langsam, die Hand um, die den Knüppel hielt, bis sie ihn fallen ließ. Was sich zwischen 1927 und 1949 in China unter der Führung Maos abgespielt hat, ist ein ganz anderer Vorgang, politisch wie militärisch, als der, über den in Rußland zwischen 1917 und 1921 Lenin und Trotzki präsidierten.

Die Parteien, die in Rußland und in China am Werke waren, nannten sich beide kommunistisch, beriefen sich beide auf Marx und machten beide eine Revolution. Aber es waren grundverschiedene Revolutionen; der Kommunismus, dem sie dienten, war von vornherein in jedem Fall etwas ganz anderes; und das einzige, was die beiden Revolutionen und die beiden Kommunismen gemeinsam hatten, war vielleicht, daß beide, vom Standpunkt der Marxschen Lehre aus, Häresien waren. Aber selbst die Häresien waren mindestens so verschieden wie die Häresien Luthers und Calvins. Wer die Entstehungsgeschichte der Sowjetunion und der Chinesischen Volksrepublik beobachtet – auch und gerade vom kriegsgeschichtlichen Standpunkt aus –, wundert sich nicht über die gigantischen Mißverständnisse, denen ihr Verhältnis von Anfang an ausgesetzt war.

Zwei Anekdoten zur Illustration. Im Jahre 1918 formte sich, unter Führung von Smirnow, Pjatakow und Bucharin, im Zentralexekutivkomitee der bolschewistischen Partei, eine »militärische Opposition« gegen Trotzki, die seinen »Militarismus« und vor allem die Massenrekrutierung zaristischer Berufsoffiziere für die Rote Armee kritisierte und sich für eine auf revolutionäre Überzeugung gegründete Freiwilligenarmee von Arbeitern und Bauern einsetzte. Das Schlagwort, mit dem Trotzki diese Opposition niederschlug, hieß: »Guerillaismus«.

Die andere Anekdote erzählt der schon vorher zitierte australische Sinologe C. P. Fitzgerald. »In Peking war eine Anekdote im Umlauf, wonach nach Beendigung des Krieges in Europa Stalin an Mao Tsetung ein russisches Buch über Partisanenkrieg gesandt hatte, die Frucht der russischen Erfahrungen während der deutschen Invasion. Mao las es und zeigte es Lin Piao, seinem besten militärischen Befehlshaber und dem größten Fachmann der Geurillakriegführung in China. Wäre das unser Lehrbuch gewesen, soll Lin geantwortet haben, dann wären wir schon vor zehn Jahren vernichtet worden!«

Kein Rezept für Deutschland

Die weite Anwendbarkeit der Maoschen Kriegslehre und Kriegspraxis auf die revolutionären Unabhängigkeitskriege »unterentwickelter«, kolonialer oder halbkolonialer Länder hat sich in der Geschichte der letzten zwanzig Jahre immer wieder erwiesen; und immer wieder erwiesen hat sich auch, daß mit dieser Kriegspraxis die überlegene Waffentechnik moderner Großmächte unterlaufen und mattgesetzt werden kann. Das extreme Experiment in dieser Hinsicht – ein Krieg zwischen einem durch eine lange Küste und ein enges Hinterland besonders exponierten, relativ kleinen und schwachen Lande und der waffenstärksten Großmacht der Gegenwart – ist zur Zeit in Vietnam im Gange und hat schon jetzt mindestens so viel erwiesen, daß es auch unter solchen extremen Kräfteverhältnissen dem »Schwächeren« möglich ist, sich gegen den »Stärkeren« zu behaupten und ihm die Art von Dauerkrieg aufzuerlegen, die nach aller bisherigen Erfahrung das kämpfende Volk nicht verlieren und die waffenstarrende fremde Unterwerfungsmacht nicht gewinnen kann.

Über die Möglichkeiten der Totalguerilla in Mittel- und Südamerika, im südlichen Afrika und etwa auf dem indischen Subkontinent soll hier nicht spekuliert werden. Dagegen interessiert sicherlich jeden deutschen Leser die Frage, ob sich Maos Lehre und Praxis auf europäische Verhältnisse, also insbesondere auf Deutschland, anwenden läßt.

In Deutschland bestehen ja seit über zwanzig Jahren Spannungen, die in früheren Zeiten zweifellos schon längst durch Krieg oder Revolution oder beides ausgetragen und aufgelöst worden wären. Die Anwesenheit überwältigender Fremdmächte auf deutschem Boden, die sich gegenseitig durch das Atompatt paralysieren, hat einen solchen Austrag unmöglich gemacht, und so bestehen die ungelösten Spannungen unbegrenzt weiter – ein Zustand, an den man sich so gewöhnt hat, wie Hans Castorp an den Zauberberg, nämlich indem man sich daran gewöhnt hat, daß man sich nicht gewöhnt.

Es ist eine der Pointen Maoscher Kriegführung, daß sie überlegene Waffentechnik zu unterlaufen in der Lage ist: Insofern könnte sie – so scheint es jedenfalls auf den ersten Blick – den Deutschen einen Ausweg aus ihrer Lage bieten. Außerdem ist Deutschland ein nicht voll souveränes, fremdem Einfluß und fremder Obergewalt unterworfenes, geteiltes Land – eine weitere Parallele zu dem China der dreißiger Jahre. Schließlich könnte man sogar sagen, daß auch die beiden Hauptvoraussetzungen Maoscher Kriegführung, eine disaffektionierte Bevölkerung und eine leninistische Partei, in Deutschland vorhanden sind, allerdings falsch verteilt: Der einzige Aufstand, den Deutschland seit 1945 produziert hat, hat dort stattgefunden, wo die leninistische Partei bereits herrscht. Immerhin, zweifellos haben beide deutschen Regierungen hin und wieder mit dem Gedanken gespielt, ihren Staat als gesamtdeutschen Gegenstaat des jeweils anderen aufzufassen und zum Herd und Stützpunkt der Revolution im anderen Teil Deutschlands zu machen; die Ausgangsposition zweier konkurrierender

Staatsgewalten im selben Staatsvolk und Staatsgebiet, die Mao erst aus dem Nichts schaffen mußte, wäre, wenn einmal mit diesem Gedanken Ernst gemacht würde, in Deutschland schon vorgegeben.

Trotzdem erscheint eine Maosche Totalguerilla in Deutschland unmöglich, und alle eben aufgeführten Parallelen bleiben an der Oberfläche. Selbst wenn sich in Ostdeutschland die Revolutionsbereitschaft des Jahres 1953 eines Tages wiederbeleben oder wenn sich in Westdeutschland das derzeitige »Unbehagen«, etwa durch eine Wirtschaftskrise, irgendwann einmal zu einer revolutionären Situation verdichten sollte – im Augenblick erscheint beides unwahrscheinlich –, läßt sich mit Sicherheit voraussagen, daß die etwa möglichen revolutionären Vorgänge in Deutschland niemals die Form eines Maoschen Volks-, Revolutions- und Dauerkrieges annehmen könnten. Dasselbe dürfte für alle reichen und hochindustrialisierten Länder gelten. Denn die Totalguerilla Maoscher Prägung hat, neben den beiden allgemeinen Grundvoraussetzungen einer revolutionsbereiten Bevölkerung und einer zur Staatsbildung fähigen revolutionären Partei, drei spezielle Voraussetzungen, die nur in »unterentwickelten« Ländern gegeben sind. Alle drei hängen miteinander zusammen.

Das erste ist eine arme, elende und verzweifelte Bevölkerungsmasse, die wenig oder nichts zu verlieren hat und für die der Unterschied zwischen einem Dauerkrieg und der Art von Leben, die ihr die bestehende Friedensordnung bietet, verhältnismäßig geringfügig ist.

Das zweite ist eine überwiegend selbstversorgerische Agrarwirtschaft, die durch Dauerkrieg nicht völlig aus den Angeln gehoben werden kann und die die Ernährung trainloser bäuerlicher Partisanenarmeen ermöglicht.

Das dritte ist ein verkehrsmäßig wenig erschlossenes, in weiten Teilen unzugängliches Land, in dem die Organisation der Staatsgewalt versickert und das der Partisanenkriegführung sowohl Ausweichmöglichkeiten ins Unzugängliche wie die Möglichkeit überraschender Schwerpunktbildung bietet.

Diese drei Voraussetzungen seiner Kriegführung werden von Mao in seinen militärischen Schriften nicht besonders herausgestellt. Er hatte es nicht nötig, auf sie hinzuweisen, denn er fand sie in China ohnehin vorgegeben, und der Hinweis auf ihre Armut und ihren Mangel an Industrie – und damit an Waffen – hätte seine Kämpfer vielleicht nur nutzlos entmutigt. Nur die Unerschlossenheit Chinas spielt in Maos militärischen Schriften eine wiederkehrende Rolle, aber meist, ein wenig irreführend, in der Form eines Hinweises auf Chinas territoriale Größe. Immer wieder, besonders in den Schriften über den Guerillakrieg gegen Japan, findet sich die Darlegung, daß Japan zwar ein starkes, aber ein kleines Land ist, China dagegen zwar ein schwaches, aber ein großes; und daß diese große Ausdehnung des Landes Gelegenheit bietet, den starken, aber kleinen Invasionsarmeen, die sich darin verlieren und zersplittern, immer wieder überraschend konzentrierte örtliche Überlegenheit entgegenzusetzen und sie stückweise zu vernichten – kleine örtliche Blitz- und Vernichtungsfeldzüge in eine Gesamtstrategie der zunächst bloß hinhaltenden Verteidigung einzubauen. Das alles ist im einzelnen faszinierend dargelegt; aber es fragt sich, ob die stillschweigend unterstellte Voraussetzung, daß es nur in einem großen Land – und dafür in jedem großen Land – möglich ist, eigentlich stimmt.

Diese Voraussetzung ist sehr alt und hat sicher etwas unmittelbar Einleuchtendes. Auch Clausewitz sprach bereits davon, daß ein erfolgreicher Volkskrieg »entweder eine solche Oberfläche des eingenommenen Reiches voraus (setzt), wie sie außer Rußland kein europäischer Staat hat, oder ein Mißverhältnis zwischen der einfallenden Armee und der Oberfläche des Landes«. Aber die Erfahrung der letzten zwanzig Jahre hat gezeigt, daß der Volkskrieg auch in verhältnismäßig kleinen Ländern erfolgreich sein kann, sogar auf so winzigen Inseln wie Kuba und Zypern; und wenn Mao selbst in späteren Schriften diesen Erfolg der Totalguerilla auch in kleinen Ländern auf das allgemeine Erstarken des sozialistischen und revolutionären Lagers zurückführt, so überzeugt das nicht: Weder China noch Rußland haben Castro und Grievas in ihren Kampfjahren entscheidend geholfen.

Tatsächlich ist es vielmehr bei genauerem Hinsehen so, daß die Größe eines Landes vom Gesichtspunkt des Guerillaführers aus weniger wichtig ist als seine Unerschlossenheit. »Größe« ist ein sehr relativer Begriff. Für einen Fußgänger ist auch das kleinste Land groß – und der Maosche Krieg ist ein Fußgängerkrieg. Worauf es ankommt, ist, daß das Land in hinlänglichem Maße Gegenden und Terrains bietet, die dem ortskundigen Fußgänger zugänglich sind, dem orts- oder gar landfremden motorisierten Feind aber nicht. Es ist eine Frage nicht der Größe auf der Landkarte, sondern der Unerschlossenheit und Unzugänglichkeit, der »Unterentwicklung«. Gebirge, Dschungel, wasserlaufzerschnittene Deltagebiete, aber auch das ganz gewöhnliche flache Land, solange es an ausgebauten Straßen, Eisenbahnen, Landeplätzen und Telefonen fehlt – das ist Guerillaland, ob es nun das riesige China ist oder das kleine Vietnam. (Auch von Hanoi bis Saigon ist es immerhin ungefähr so weit wie von Hamburg bis Rom – Platz genug für 30 Millionen Vietnamesen, sich darin zu verlieren, von 200 000 oder selbst 500 000 Amerikanern zu schweigen.)

Je mehr dagegen ein Land technisch erschlossen ist, je mehr seine Landschaft und seine Lebensbedingungen Stadtcharakter annehmen, um so mehr begünstigt es die technisierte und motorisierte Staatsgewalt, sei es der eigenen Regierung, sei es der Invasionsmacht, gegen die Partisanen. In Europa gibt es nur noch wenige potentielle Partisanenländer; bezeichnenderweise war der subsidiäre Partisanenkrieg des Zweiten Weltkrieges im »unterentwickelten« europäischen Süden und Osten am erfolgreichsten, und das einzige europäische Land, wo eine Maosche Totalguerilla sich entfalten konnte, war Jugoslawien, und zwar wiederum hauptsächlich in seinen zurückgebliebensten Teilen, Bosnien und Montenegro. In einem Land wie Deutschland, in dem große Landstriche – man denke an das Ruhrgebiet, an das badische Rheintal, an Südwestholstein, aber auch an Sachsen und das

»Ballungsgebiet« Groß-Berlin – bereits einer einzigen Großstadt gleichen, einem Land, in dem sich in jedem Dorf mindestens zwei Autostraßen kreuzen und selbst der Spaziergänger im Walde keine Stunde mehr wandern kann, ohne Menschen (womöglich motorisierten Menschen) zu begegnen: in einem solchen Lande fehlen die Voraussetzungen auch nur für den Anfang eines Partisanenkriegs. Die bewaffnete Macht wäre überwältigend zur Stelle, ehe auch nur die erste Dorfversammlung beendet wäre.

Nun ist freilich eine solche Stadtzivilisation, wie sie sich im westlichen und nördlichen Europa – und ganz besonders auch in Deutschland – entwickelt hat und immer noch weiterentwickelt, besonders störungs- und sabotageanfällig. Der Gedanke, wie leicht sich die gesamte Funktionsfähigkeit einer solchen technisch hochgezüchteten Großmacht durch wohlgezielte Anschläge auf gewisse Kraftwerke, Telefonzentralen, Bahnknotenpunkte, Häfen, Benzinlager usw. lahmlegen läßt, wie solch ein Goliath gewissermaßen mit Davids Schleuder aufs Kreuz zu legen ist, muß in den Kriegsplanungen der Generalstäbe von heute eine größere Rolle spielen als je, und den Subsidiärpartisanen einer Invasionsarmee, ja schon erst einem Feindagenten bieten sich hier und heute im Kriegsfall geradezu traumhafte Möglichkeiten. Aber dabei würde es sich immer um Maßnahmen eines konventionell europäischen Krieges handeln, der eine schnelle Entscheidung anstrebt, indem er ein feindliches Land möglichst schnell kampfunfähig zu machen sucht, ohne Rücksicht darauf, ob seine Bevölkerung damit zugleich lebensunfähig gemacht wird; und zwar gehört diese Art Kampfführung zum konventionell europäischen Krieg in seiner heutigen technisch bedingten Entartungsform. Für den Volkskrieg Maoscher Prägung, der ja immer im eigenen Land stattfindet und der ja immer das eigene Volk für einen langen Zermürbungskampf gegen die – eigene oder fremde – Staatsgewalt mobilisieren muß, ist eine derartige Kriegführung gänzlich unbrauchbar, ja selbstmörderisch. Denn ein solcher Volkskrieg, so grausam und rücksichtslos er gegen die Vertreter – auch die nichtuniformierten Vertreter – der bekämpften Staatsgewalt verfährt und so massenhafte Blutopfer er auch den eigenen Partisanen und der eigenen zivilen Anhängerschaft zumutet, kann sich eines niemals leisten: der eigenen Gesamtbevölkerung, die er ja braucht, und auf sehr lange braucht, die Lebensgrundlage zu entziehen und sie in eine Lage zu versetzen, in der ihre gesamten Energien für die Fristung des nackten Lebens verbraucht werden.

Dies ist auch zweifellos ein Hauptgrund, weswegen sämtliche Volkskriege der letzten zwanzig Jahre die Städte ausgespart haben – und das, obwohl proletarische Stadtbevölkerungen sicher ein besonders gutes revolutionäres Menschenreservoir bilden, nach der Auffassung Marx' sogar den einzigen wirklich qualifizierten Revolutionsträger darstellen. Aber städtische Revolutionen haben einen kurzen Atem, aus dem einfachen Grunde, daß auch Revolutionäre essen müssen. Wenn eine städtische Revolution, die durch Generalstreik und Barrikadenkampf geführt wird, nicht in wenigen Tagen gesiegt hat – und ihre Siegesaussichten sind unter den heutigen technischen Umständen noch zweifelhafter als im 19. Jahrhundert –, dann bricht sie durch Hunger zusammen. Keine Großstadt kann die Störung ihrer Lebensmittelversorgung mehr als ein paar Tage überleben; und jede städtische Revolution bedeutet eine radikale Störung der Lebensmittelversorgung durch die Lähmung des Transport- und Verteilerapparats, selbst wenn das Land lieferbereit bleibt.

Dasselbe aber gilt für ein verstädtertes, hochtechnisiertes Land als Ganzes, und es gilt nicht nur für die Lebensmmittelversorgung, sondern für die Versorgung im allgemeinen: mit Elektrizität und Gas, mit Saatgut und chemischen Düngemitteln für die Bauern, mit Öl und Kohle, mit Rohstoffen für die Fabriken, Waren für die Geschäfte und (nicht zuletzt) Geld für die Hausfrauen. Der moderne Europäer – und zwar der Kleinstädter und der Landbewohner kaum weniger als der Großstädter – ist für sein tägliches Leben von tausend Dingen abhängig, deren Wegfall ihn vollkommen hilflos machen würde; und es ist unmöglich, die komplizierte Wirtschaftsmaschinerie, die diese tausend Abhängigkeiten tagtäglich befriedigt, auch nur notdürftig in Gang zu halten oder zu ersetzen, wenn man gleichzeitig über weite Landstriche die Staatsgewalt außer Kurs setzt. Ein Volkskrieg in einem hochentwickelten Land würde deswegen vom ersten Tage an, neben der eigentlichen Kriegführung, wirtschaftliche Probleme von einer Kompliziertheit zu lösen haben, der er unmöglich gewachsen sein kann. Nicht so sehr die überlegene Waffentechnik des Feindes – die sich in einem weiten unerschlossenen Lande unterlaufen läßt –: die komplizierte Lebenstechnik als solche macht in einem hochentwickelten Industrieland den Volkskrieg unmöglich, und zwar weil sie die Bevölkerung, trotz aller Motorisierung, in einem politisch-militärischen Sinne immobilisiert. Der einzelne, und auch die Masse der einzelnen, kann aus dem Netz wirtschaftlicher Verflechtungen und Abhängigkeiten, das die technische Hochzivilisation gewoben hat, ohne Lebensgefährdung nicht herausspringen. Tut er es doch, so ist er mit der reinen elementaren Lebensfristung, für die er schlecht vorbereitet und ausgerüstet ist, voll in Anspruch genommen, und daran verendet der etwa begonnene Volkskrieg: Seine Partisanen haben keine Zeit und Kraft mehr zum Kämpfen übrig, weil die reine Lebensfristung Zeit und Kraft vollkommen aufzehrt, und die Zivilbevölkerung, die den Volkskrieg tragen soll, hält den Zivilisationsstreik, den er voraussetzt, erst recht nicht durch. Sollte aber, was fast unvorstellbar ist, eine zum äußersten entschlossene und mit extremen Machtmitteln ausgestattete revolutionäre Führung doch einen solchen Zivilisationsstreik und eine solche Selbstzerstörung eine Zeitlang erzwingen, so käme die Wirkung voraussehbarerweise fast der eines Atomkrieges gleich: für eine von der Technik gänzlich abhängig gewordene Bevölkerung bedeutet die plötzliche und nachhaltige Lahmlegung des technischen Apparats, ohne den sie nicht mehr leben kann, so etwas wie Genozid; Hunger, Seuchen und Massentod wären die unvermeidliche Folge. Der Versuch Hitlers, im April 1945 in Deutschland den allgemeinen Volkskrieg zu entfesseln, bietet, trotz seines schnellen Endes, eine Art Modellfall.

Man kommt also zum zweitenmal, und nun auf einem anderen Wege, zu demselben Ergebnis: daß nur »unterentwickelte« Länder den Volkskrieg führen können – daß sie also insoweit ein Kampfmittel besitzen, das den entwickelten Ländern fehlt, und ihnen daher unter einem gewissen, sehr wesentlichen Gesichtspunkt überlegen sind. Das Land muß unerschlossen sein, damit es sich zum Schauplatz eines Volkskrieges eignet; und die Bevölkerung, die den Volkskrieg führen soll, muß wesentlich aus Bauern bestehen, und zwar aus Bauern, die eine ziemlich primitive, unspezialisierte Selbstversorgungswirtschaft betreiben; nur in einer solchen Bevölkerung können die Partisanenheere schwimmen »wie die Fische im Wasser« – und auch noch ihre Nahrung finden.

Und nur eine solche Bevölkerung – das ist die dritte, psychologische Voraussetzung des totalen Volkskrieges, die nicht weniger wichtig ist als die geographisch-strategische der Unerschlossenheit des Landes und die wirtschaftlich-technische einer primitiven Landwirtschaft als Lebensgrundlage der Massen – hat die Bedürfnislosigkeit, Leidensfähigkeit und Geduld, die das Durchstehen eines jahre- oder jahrzehntelangen Volkskrieges erfordert. Verzweiflung und Zorn, die unentbehrlichen psychologischen Voraussetzungen jedes Volkskrieges, sind nicht genug: Es muß Armut dazukommen. Denn Verzweiflung und Zorn sind kurzlebige Leidenschaften, die übrigens auch der Reiche kennt. Die OAS der französischen Siedler in Algerien, die zum Schluß, als Frankreich den Krieg verlorengab, einen Gegenterror entfaltete, war zweifellos auch von Verzweiflung und Zorn angetrieben: Aber wie schnell war der Zorn gestillt, wie schnell die Verzweiflung vergessen, als sich zeigte, daß das Leben auch nach der Niederlage und nach dem Verlust der Heimat immer noch süß und voller Reize blieb! Es ist leichter, daß ein Kamel durch ein Nadelöhr gehe, als daß ein reiches Volk einen Volkskrieg durchhalte.

Ein Volkskrieg, wie ihn Mao Tse-tung und sein großer General Tschuh-Teh in China und Ho Chi-Minh und sein großer General Vo Nguyen Giap in Vietnam geführt haben oder führen, braucht als seine Rekruten Menschen, die nicht nur verzweifelt und zornig, sondern auch gänzlich arm sind. Sie müssen nichts oder fast nichts zu verlieren haben, denn der Krieg, auf den sie sich einlassen, wird ihnen alles oder fast alles nehmen – und den meisten von ihnen dafür nichts geben als Hoffnung. Die meisten von ihnen werden lange vor dem Sieg im Kriege fallen. Auch das darf ihnen nicht als allzu großer Verlust erscheinen: Die meisten siegreichen Volkskriege sind in Ländern geführt worden, wo die durchschnittliche Lebenserwartung ohnehin unter oder wenig über 30 Jahren lag.

Die durchschnittliche Lebenserwartung in Deutschland liegt heute bei etwa 70 Jahren, und selbst der weniger begüterte Deutsche hat heute in diesen 70 Jahren ein reiches Sortiment von Annehmlichkeiten zur Verfügung, und zwar in beiden Teilen Deutschlands. Sehr wenige

Deutsche würden, wenn sie mit sich selbst ehrlich sind, zu behaupten wagen, daß sie einen erheblichen Teil dieser Annehmlichkeiten – geschweige 40 oder 50 ihrer 70 Jahre – wirklich darangeben wollten, die Teilung Deutschlands oder die bestehenden Verhältnisse in ihrem Teil zu beenden. In einem befohlenen konventionellen Staatskrieg würden sie natürlich gedankenlos ihre Pflicht tun und auf das Beste hoffen; äußerstenfalls würden einige von ihnen im Rausch und der Aufwallung eines begeisterten Augenblicks ihr Leben auf der Barrikade einsetzen, in der Hoffnung, daß in ein paar Tagen alles so oder so entschieden sei. Wie lange solche heroischen Aufwallungen unter den angenehmen Lebensumständen Europas vorhalten, hat man in Ostdeutschland 1953 und in Ungarn 1956 beobachten können. In Ostdeutschland waren es zwei Tage; in Ungarn zwei bis drei Wochen. Die Mentalität der Vietnamesen, die jetzt fast 20 Jahre lang »im Ozean des Krieges schwimmen«, auch nur nachempfindend zu verstehen, ist den glücklichen Deutschen – ebenso wie den glücklichen Ungarn und all den glücklichen Europäern – fast unmöglich. Ihren Dauerheroismus in der Praxis nachzuahmen: ganz unmöglich.

Mit der Anwendbarkeit des Maoschen Kriegsrezepts auf Deutschland oder Europa ist es also nichts. Es ist eine Art Krieg, die nur arme Länder und arme Menschen führen können; und daher eine Art Krieg, die den Armen und Machtlosen eine Art Überlegenheit über die Reichen und Mächtigen gibt. Freilich nur bei sich zu Hause. Es kann keine Rede davon sein, daß die Algerier die Franzosen oder die Vietnamesen die Amerikaner in dem Sinne »besiegen« könnten, wie europäische Königreiche einander in der Vergangenheit besiegt haben – daß also die Algerier in Paris oder die Vietnamesen in Washington im Triumph einmarschieren könnten, daß sie den Besiegten Demütigungen und Gebietsabtrennungen auferlegen, ja auch nur für die unendlichen Leiden und Schäden, die die Besiegten ihnen gänzlich einseitig jahrelang zugefügt haben, Reparation fordern könnten. Alles, was sie erreichen können, ist, dem Schläger das Schlagen zu verleiden und es ihm unmöglich zu machen, ihre Armut und scheinbare Schwäche zu ihrer Unterwerfung auszunutzen. Das aber können sie heute, und es ist das Neue, das seit Mao Tse-tung in der Welt ist: eine Art Krieg, bei der die Ersten die Letzten sind und die Letzten die Ersten sind und in der der Stein, den die Bauleute verworfen haben, zum Eckstein geworden ist.

Ein Schritt zum Weltfrieden?

Es ist nichts Geringes. Es ist sogar möglich, daß es – weit entfernt, »den Krieg zu retten« – zur Ausschaltung des Krieges aus dem Völkerleben einen entscheidenden Schritt darstellt.

In seinem Aufsatz über die Strategie in Chinas revolutionärem Krieg – auf den allernächsten Seiten dieses Buches* – setzt Mao mit der lapidaren Gelassenheit, die eines seiner Hauptstilmerkmale ist, diese Sätze hin: »Der Krieg, dieser Greuel der Menschenschlächterei, wird durch den Fortschritt der menschlichen Gesellschaft in nicht allzu ferner Zukunft endgültig abgeschafft sein.« Und: »Das Zeitalter der Kriege wird dank unseren eigenen Bemühungen zu Ende gehen, und zweifellos ist der Krieg, den wir jetzt führen, ein Teil dieses letzten Kampfes.«

Man ist zunächst geneigt, solche Sätze mit einem skeptischen Lächeln als bloße Rhetorik abzutun. Zu oft haben, in den beiden Weltkriegen, die Kriegführenden vom *war to end war* gesprochen.

Auch ist es durchaus möglich, daß Mao mit seiner Friedensprophezeiung nur, als guter Kommunist, auf den Endsieg der kommunistischen Weltrevolution anspielen wollte – von dem, wenn er je kommen sollte, ein skeptischer Bürger den ewigen Frieden ja kaum erwartet. Gibt es nicht auch unter kommunistischen Staaten Konflikte? (Freilich, trotz dieser Konflikte hat es einen *Krieg* zwischen kommunistischen Staaten bisher tatsächlich noch nicht gegeben – nicht zwischen Stalins Rußland und Titos Jugoslawien und auch nicht zwischen Chruschtschows Rußland und Maos China. Aber die Zeit, in der es mehrere kommunistische Staaten gibt, ist noch zu kurz, um viel zu beweisen.)

Es ist aber auch möglich, daß Mao (der, wie der Leser der folgenden Aufsätze* bemerken wird, sich bei jedem Wort, das er hinsetzt, etwas Reales zu denken pflegt) mit seiner Bemerkung, daß sein Krieg ein Teil des Endkampfes gegen den Krieg sei, eine vollkommen realistische und ideologiefreie Wahrheit ausgesprochen hat.

Denn Maos Krieg hat tatsächlich eine Art von Krieg aussichtslos und daher sinnlos gemacht, die bis dahin besonders aussichtsvoll und daher sinnvoll schien: den Kolonialkrieg, den Eroberungs-, Unterwerfungs- und Ausbeutungskrieg der reichen, mächtigen, technisch hochentwickelten Großmächte gegen die armen, machtlosen, technisch zurückgebliebenen Völker. Diese Art Krieg hat seit Mao ihren Sinn verloren; denn er kann jetzt, wenn die armen Völker ihren Mao studieren, von den Großmächten nicht mehr gewonnen werden. Äußerstenfalls kann ein sinnloser Ausrottungskrieg an seine Stelle gesetzt werden; man wird sehen, ob es die Amerikaner in Vietnam so weit treiben. Auch dann wird kein Sieg mehr erfochten und kein sinnvoller Kriegszweck mehr erreicht sein.

Eine ganze Klasse und Gruppe von Kriegen ist daher durch Mao ihres Sinnes beraubt und damit wahrscheinlich für die Zukunft abgeschafft worden. Indem er den Armen und Schwachen eine Kriegstechnik an die Hand gegeben hat, die nur von ihnen und nur in ihrem eigenen Lande anwendbar ist, sie dort aber unbesiegbar macht, hat er, nach menschlichem Ermessen, den Kolonialkrieg abgeschafft.

Damit tritt Maos Kriegskonzeption neben die Atombombe, die eine andere Art Krieg sinnlos gemacht und daher nach menschlichem Ermessen abgeschafft hat: den Hegemonial- und Eitelkeitskrieg der stärksten Großmächte untereinander. Tatsächlich hat ja die Atombombe Großmacht auf ihrem äußersten Gipfel in Ohnmacht umschlagen lassen: Die Sowjetunion und die USA stehen einander heute in vollkommener Ohnmacht gegenüber, da sie nur noch um den Preis des eigenen Untergangs versuchen können, den anderen »durch einen Akt der Gewalt zur Erfüllung ihres Willens zu zwingen«.

Wenn aber die Atombombe den Krieg der Großmächte untereinander und die Maosche Totalguerilla den Krieg der Großmächte gegen die Armen und Schwachen seines Sinnes beraubt haben – was bleibt? Mit welcher Art Krieg muß man für die Zukunft noch rechnen? Dem Krieg der Schwachen untereinander? Und um was sollte der geführt werden?

Wir sind gewohnt, als einziges Modell eines Dauerfriedens die Pax Romana zu betrachten – die Weltherrschaft einer allerobernden einzigen Macht. Diese Art von Pax freilich wird durch Maos Kriegführung ausgeschlossen. Nicht einmal, wenn China selbst, wie Professor Wilhelm Fucks erwartet, in naher Zukunft stärker werden sollte als der ganze Rest der Welt zusammen, könnte es mehr die Welt beherrschen, nachdem in diese Welt die Maosche Formel gesetzt ist, die es den Schwachen ermöglicht, sich unbeherrschbar zu machen. Was etwa die Vietnamesen mit dieser Formel gegen die Franzosen erkämpft haben und jetzt gegen die Amerikaner erkämpfen, könnten sie, wenn die Ironie der Weltgeschichte es erforderte, eines Tages auch gegen ein China erkämpfen, das noch mächtiger geworden wäre als das heutige Amerika, und ebenso übermütig. Die Weltherrschaft – und der Weltfriede durch Weltherrschaft – ist seit Mao unmöglich geworden, für jeden.

Aber wie, wenn gerade das Unmöglichwerden der Weltherrschaft sich als der wahre Schlüssel zum Weltfrieden erwiese?

Subject: Re: letzter versuch
Date: Mon, 27 Mar 00 14:35:11 +0200
From: Juergen Kuttner kuttner@snafu.de
To: <wewerka@alexander-verlag.com>

hi alexander, allein deiner HARTNAECKIGKEIT (und dem, nun ja, respekt, den ich vor haffner habe – der alles nicht leichter macht) ist es geschuldet, dass ich jetzt doch was aufgeschrieben habe. gluecklich bin ICH damit nicht ... denn eigentlich hab ich so GAR KEINE ahnung von ihm, klar die >anmerkungen zu hitler<, seine >verratene revolution< (nicht mal gelesen!), sein exil und das alles ... allerdings gabs doch eine >begegnung< mit ihm, die ihn sehr fuer mich eingenommen hat, und zwar im sfb-archiv, bei einer recherche zu meinen monatlichen videoschnipsel-vortraegen an der volksbuehne. im rahmen einer anderen sendung hatte er eine kleine spielwiese, die – ganz auf ihn abgestellt – >sebastian haffner< hiess. als erstes eine tafel, so ein seltsamer spätsechziger grotesk-cartoon, der einen weit aufgerissenen mund zeigt, dessen zaehne von seinem namenszug gebildet wurden. der oberkiefer hiess eben sebastian, der unterkiefer haffner – alles versprach so einen >bissigen< Kommentar, eine schonungslos satirische abrechnung, mit was auch immer – na ja, eben so, dass man nicht unbedingt neugierig wurde. und dann, eine wirkliche ueberraschung! laessig in ein weit geoeffnetes fenster gelehnt, vor der noch nicht so reichen kulisse eines westberliner nachkriegsabends (die lichter im hintergrund noch recht bescheiden), vereinzelt brausen autos vorbei, steht rundlich-kompakt, mit hochgeknoepfter weste, schlips, halslos ein mann und raesonniert vor sich hin … ohne stift als autoritaetsausweis, ohne moderatorentischchen, ohne manuskript. kein kommentar, keine glosse, er liest nicht wohlgesetzt wort fuer wort zum sonntag vom teleprompter ab, sondern steht da und denkt laut vor sich hin, spricht, was ihm in den kopf kommt. das tollste dabei – wir sind ja hier im deutschen fernsehen!! –, man kann sehen, wie er nachdenkt! sehen, wie ihm die gedanken im reden entstehen, sieht auch mit spannung, wenn das denken/reden zu stocken droht. dann aber – erleichterung! – der gelungene gedankengang, die praezise formulierung. da blitzen die augen, da reden die brauen mit, da dirigiert die hand und folgt dem fluss der worte und waegt sie ab. die kleinen augen fest auf die kamera gerichtet, schweifen nur ab, wenn haffner ein wort, eine formulierung sucht oder sich der seltsamen fernseh-situation versichern muss. kein anbiedermann, kein moderater moderator. ueberhaupt: kein vertreter dieser tv-fauna. du weisst, die haben ja immmer wie im kudamm-theater ihre nur duerftig variierten grundtypen: DEN politiker und DEN professor fuer irgendwas und DEN mann von der strasse und DEN querdenker und DIE selbstbewusste frau – nix da! haffner ist haffner, ist besten/schlechtestenfalls SELBSTdarsteller, weiss, wer er ist und was er sagen will. punkt. und dann die im hier beschriebenen ausschnitt lustigen, sympathischen kleinigkeiten: haffner spricht (durchaus kokett) von wundergreisen: als erstes fallen ihm (natuerlich) die demokratisch abgesicherten, die politisch korrekten namen adenauer und de gaulle ein, dann kommen aber – und er freut sich so offensichtlich – die namen grosser, alter diktatoren: franco und salazar, ho chi-min, mao tse-tung und tito – auch wundergreise. das macht man aber nicht! adenauer und mao, in einem zusammenhang!!! da gehen erneut die augenbrauen vor freude in die hoehe, und die kleinen, auseinanderstehenden zaehne werden in einem verschmitzten grinsen sichtbar. spaetestens da war mir dann klar, dass haffner eine seltene und sympathische figur ist, jemand, der etwas sagt, was sich nur am gesagten nicht festmachen laesst. ein bisschen geht es mir mit ihm wie mit wolfgang neuss, vieles ist heute nicht mehr so ohne weiteres zu verstehen, aber die art und weise, zu denken, unbestimmbar daneben (woneben?) zu stehen, dem, was ist, zu misstrauen und sich als selbst zu behaupten, ist auf hoechst erhellende weise sehr un-heutig. allein das ist viel wert in einer zeit, die nur-gegenwart ist. viel spaeter erst fiel mir dann der kriegs-essay in die haende, aber den kann man ja jetzt selber lesen. und andere sachen natuerlich auch!

gruss kuttner

In der Reihe *ZEICHEN* sind bisher erschienen:

Peter Brook, *Vergessen Sie Shakespeare*
Gustav Seibt, *Damit wir wissen, was wir erlebt haben*
Valère Novarina, *Brief an die Schauspieler*
Josef Bierbichler / Christoph Schlingensief / Harald Martenstein / Diedrich Diederichsen, *Engagement und Skandal*
Heiner Müller, *Gedichte*
Robert Musil, *Über die Dummheit*
Chinua Achebe, *Ein Bild von Afrika*
Eugène Ionesco, *Wortmeldungen*
Räumungen. Von der Unverschämtheit, Theater für ein Medium der Zukunft zu halten. Herausgegeben von Ralph Hammerthaler und Elisabeth Schweeger

Die Reihe wird fortgesetzt.